金融刺客·金融战役史系列丛书

开国的苦斗

——美国金融战役史

江晓美　著

中国科学技术出版社

·北京·

图书在版编目（CIP）数据

开国的苦斗：美国金融战役史/江晓美著. —北京：中国科学技术出版社，2009.12

（金融刺客：金融战役史系列丛书）

ISBN 978-7-5046-5547-9

Ⅰ. 开⋯ Ⅱ. 江⋯ Ⅲ. 金融－经济史－美国

F837.129

中国版本图书馆 CIP 数据核字（2009）第 205015 号

本社图书贴有防伪标志，未贴为盗版。

责任编辑：王明东　张　群
封面设计：耕者工作室　李丹
责任校对：林　华
责任印制：王　沛

中国科学技术出版社出版

北京市海淀区中关村南大街 16 号　邮政编码：100081

电话：010—62173865　传真：010—62179148

http://www.kjpbooks.com.cn

科学普及出版社发行部发行

北京玥实印刷有限公司印刷

*

开本：787 毫米×960 毫米 1/16　印张：11.5　字数：200 千字

2009 年 12 月第 1 版　2009 年 12 月第 1 次印刷

印数：1—5000 册　定价：30.00 元

ISBN 978- 7-5046-5547-9/F · 679

（凡购买本社图书，如有缺页、倒页、脱页者，本社发行部负责调换）

多雪的冬天

（代前言）

在这个多雪的冬天，美国总统奥巴马开始了四天三夜的中国之行，寻求所谓的"战略保证"，成为上任第一年即访问中国的第一位美国总统。

"君有山海之金，而民不足于用。"《管子·国蓄》

美国工会组织的一项调查数字显示，今年美国的失业率为 26 年来最高水平。

今年的诺贝尔文学奖颁给了一位 54 岁的德国女诗人，她的作品以描述失业工人生活为主，评选也算是"与时俱进"了。

美国经济学家拉鲁什在接受《环球时报》记者专访时发出惊人论断，认为美国将在财政年度计划结束时爆发一场"总危机"，并彻底破产。

古人云："处大无患者常多慢，处小有忧者常思善；多慢则生乱，思善则生治，理之常也"。

今年的诺贝尔和平奖颁给了美国总统奥巴马，看过《铁血骑士团——德国金融战役史》的读者对此不会感到惊讶。

序　言

世界金融战役史如同一棵私有制的智慧之树，璀璨无比，耀眼夺目！瑰丽的珠宝点缀其间、幽香的果实布满枝头，可浇灌它的却是泪水和罪恶。

无论从哪个角度来说，在人类历史上5个金融国家中，最值得研究的就是第五金融国家——美国！这个由现代共济会在18世纪一手建立的金融国家，"苦斗"于19世纪，"繁荣"于20世纪。当21世纪的晨钟敲响的时候，一个才200余年历史的国家却呈现出一副积重难返的战略态势，隐约垂垂老矣，内里蛀虫横生，美国公民普遍处于"零储蓄"、"终生借债消费"的赤贫状态，美国政府资不抵债，处于负增长，国民经济依靠对全世界输出美元信用来维系……这就是债务金融主义、现代虚拟经济对金融国家的毒害。欧美的大学、媒体都由一些金融家族拥有，甚至货币、政府机构都由世袭金融僭主家族的成员把持，但人们还是迷惑不解：唯一的超级大国美国果真有什么无法解决的问题吗？

各种大大小小的问题还远远不止这些，答案却令人震惊：

美国真是共济会建立的吗？美国真是"两党自由选举体制"吗？

"开国苦斗"中的"国父华盛顿"是怎么死的？

罗思柴尔德家族鼓吹"金本位"和主导"美联储"有何关联？

你听说过比"大萧条"更严重的"长萧条"吗？谁制造了它们？

1913年美国政府把信用发行权给了"国际债权人"，为什么？

《美联储法案（1913）》违反了美国宪法的哪一条？

"美国联邦国税局"是美国政府的机构吗？

美国财政部第一任部长为何被美国副总统公开枪杀在任上？

华尔街与美国情报系统就是一群人，果真如此吗？

为什么说欧美跨国秘密高端情报网络"彼尔德伯格俱乐部"是华尔街、前纳粹党成员、中情局联手建立的？

为什么至今J.P.摩根派出远航的"泰坦尼克号"打捞不出任何有名字的船锚、船头和茶杯？这次"事故"与美国华尔街的开国"苦斗"有什么关系？

历史不需要打扮和装潢，就已经超出了任何戏剧，罪恶的智慧也远远超出人们的想象，秉笔修史、唯传真相，请您赏读——**美国金融战役史**！

目 录

第四章 两大银行家集团的命运之战

第五章 "君主制"与"共和制"之争

第六章 华尔街的"侏罗纪时代"

第七章 美元世界的序曲

第八章 另类的金融危机

第九章 黑白颠倒的时刻、金融战役的代价

第一章

开国第一次金融决战——
"金本位"与"国有货币"

一、美国简介

美国于 1776 年 7 月 4 日正式摆脱英属"海外领地"的地位，这一天是美国的"独立日"。美国 44 任（第 56 届）总统巴拉克·奥巴马（1961.8.4～），曾经是大麻和可卡因的双料吸毒者（参考文献：万艳.环中国日报.少年时代吸过大麻和可卡因.中国日报网站刊载：http://www.chinadaily.com.cn/hqkx/2007-01/23/content-790441.htm）。美国第一任总统是现代共济会的石匠大师乔治·华盛顿（1732.2.22～1799.12.14）。

美国的国花是玫瑰，这是古典共济会的象征物，不是一个偶然事件。美国是第五金融国家，前四个金融国家："古威尼斯共和国"、"古西班牙阿拉贡王国"、"古尼德兰联省共和国"、"英国"，都可以说是由银行家建立并取得了主导权，只有美国是由现代共济会一手建立的，这让美国与其他金融国家有了许多不同，也让现代共济会这个欧洲垄断银行家族主导的跨国秘密结社，有了世界性的政治影响力（古典共济会已经彻底消失了）。

美国现在的陆地面积是 915.896 万平方千米，总面积为 962.909 万平方千米，面积是世界第四位。"美国现有人口 3.055 亿（2008 年 12 月 29 日）。白人占 75%，拉美裔占 12.5%，黑人占 12.3%，亚裔占 3.6%，华人约 243 万，占 0.9%，多已入美国籍（2000 年美人口普查数据）。美国黑人、拉美裔和亚裔等少数族裔总人口已达到 1.0007 亿人（截至 2006 年 7 月）。通用英语。56% 的居民信奉基督教新教，28% 信奉天主教，2% 信奉犹太教，信奉其他宗教的占 4%，不属于任何教派的占 10%。"（文献引用：美国概况.新华网刊载：http://news.xinhuanet.com/ziliao/2002-01/28/content-257426.htm）

美国实行两院制度，参议院和众议院。参议员每州两个名额，共 100

开国的苦斗——美国金融战役史

人，任期 6 年，每 2 年改选 1/3，权力极大，类似于第一金融国家·古威尼斯共和国的"十人议会"。美国众议员按各州的人口比例分配名额选出，共435 个名额，任期 2 年，期满全部改选。美国两院议员均可连任，任期不限。参众议员不能在美国政府中兼职，实际上却"各有分工"，这是一个形式上的规定。国会虽然名义上拥有立法权，可通过不需要总统签署的法案，但这样的"法案"没有任何法律效力（等于是一纸"空谈"）。美国国会对总统、副总统以及美国各级官员有弹劾权，但只能由众议院提出弹劾，最终确定弹劾是否生效的权力却属于美国参议院，美国国会的监督弹劾权实际上也不具有操作性，依然是"空弹劾"。

图片说明：这是美国建国后，议会公布的"美国国徽"，1782 年被发现与共济会有关，予以废止，现在美国国徽是美国鹰国徽。这个美国建国时的"美国国徽"，下面的那行字是拉丁语"Annuit Cceptis Novus Ordo Seclorum"，是共济会组织的一句密语"新的时代、新的世界、新的秩序"，这就是"世界货币、世界央行、世界政府"的由来。金字塔代表着美国社会的统治结构——"神的使者统治野蛮的下等人"（所有非共济会人员都是"野蛮的下等人"，是古典共济会内部的一个"专有概念"，可以用"我们这个世界"的社会地位、财富多少来衡量），最上层处于统治地位的是"光芒四射的独眼"，就是"光照者"路西法，也就是共济会信仰的魔鬼撒旦。

美国有一个联邦最高法院，下面还有联邦法院、州法院和一些特别法院。美国联邦最高法院由首席大法官和 8 名大法官组成，终身任职。这 8个终身制的美国高官有权宣布美国联邦政府和美国州政府的任何法律无效。这 8 个人大多是美国金融资本的代理人，他们的权力仅次于纽约美联

金融刺客——金融战役史系列丛书

储的世袭股东，实际上行使着对华尔街、对美国政客集团的司法监督，随时废止那些对华尔街不利的法案，不需要解释，而且是终身制，仅比纽约美联储股东的终身世袭制，少了一个"世袭"。

所以，美国总统的权力很小，任期也很短（议员可以"连任"、大法官"终身制"、纽约美联储股东"终身世袭制"，总统最多8年），不可能构成对华尔街金融寡头的挑战。所谓掌握"立法权"的美国国会，形不成"合力"，而成了美国"山头主义"（地方派系）、"本位主义"（利益集团）的"斗兽场"，只有通过立法的"举手权"，没有立法权，是一个专门用来削弱美国总统职权的"机构"，故被历届美国总统称为"国会山"（就是暗喻国会是总统很难"攀登"的一座"山"）。

美国名义上是"多党制自由选举"，实际上美国一直只有一个党——"民主共和党"。美国最早的党是"宪法党"，创始人是美国宪法的起草者、"现代"（这有疑问，属于"古典共济会"色彩较浓的过渡人物）共济会成员、美国开国元勋、美国财政部第一任部长**"亚历山大·汉密尔顿"**（1757.1.11~1804.7.12），他被神秘地枪杀在任上，并且是被时任美国副总统的"小阿龙·伯尔"（1756.2.6~1836.9.14）亲手开枪打死的，美国宪法党也就逐渐"泡沫化"了。后来，美国没有人敢随便建立"参政大党"，那种"小骂大帮忙"的"小党派"在美国有的是（比如：美国绿党、美国改革党、美国自由党……多如牛毛，没有参政意义，只有社会控制层面的价值），执政党就是**"美国民主共和党"**（这不是形容词，而是名称如此），是由现代共济会成员、美国总统托马斯·杰弗逊（Thomas Jefferson，1743~1826）在1792年创立（选举中的"对手党"被枪杀，"亚历山大·汉密尔顿"建立宪法党后"演变"，也可以说是"改名"而成"联邦党"，或者干脆说"译法不同"也"基本符合美国历史"，有人说宪法党融入了联邦党这是一种"没有原则错误的解释"。所以说，美国政党体系是由现代共济会建立，这是美国发展成最完善的金融僭主体体制的政治基础。需要补充一点，这个"联邦宪法党"，不是目前美国的"宪法党"）。

美国人口构成由于主要来自早期的"英属海外领地"，因此很多美国政客与英国苏格兰银行家集团有着千丝万缕的联系，他们一直试图把苏格兰银行家的利益体现到美国政治当中，"美国民主共和党"就开始出现派系斗争。1828年安德鲁·杰克逊分出了一派，就是所谓的"美国民主党"（正式命名是在1840年），另一个派别自称"国民共和党"，后来改称"辉格党"。

从英国来说，"辉格党"代表着银行家的利益，但美国"辉格党"却备受打压，最后"泡沫化"了！原因在于，"美国辉格党"依然代表着"英国苏格兰银行家集团"，而不是盘踞在美国的罗思柴尔德家族的利益，1828 年以后，美国依然只有一个党，即"美国民主党"，这就是早期的"美国民主共和党"，也就是更单一化了。可没过多久，"美国民主党"又有了内部派别之争，这是由罗思柴尔德家族制造的"美国南北经济矛盾"直接导致的（请参看拙作《货币长城》），后来北方的"工业集团"就组建了"美国共和党"，南方的"农业集团"就组建了"美国民主党"。这种所谓的"两党制"，其实就是"美国民主共和党"的两个派别，随着美联储的出现，美国政客集团的银行代理人化，这两个"美国民主共和党"分别挂出的"两块牌子"，连派系都算不上，甚至出现"骷髅会"成员同时参选的一幕，这种"选择"就成了维系金融僭主体制的一个控制机制，而丧失了"选举"的实际意义——美国资本主义建国理想也就"随风而去"了。

可以非常客观地说：美国并不存在"三权分立"，而是一个从纽约美联储世袭股东向下的金字塔体制，依次是"终身世袭制"（美联储股东）、"终身制"（大法官）、"长期或半终身制度"（议员）、"4～8 年制度"（美国总统）……这样就让美国名义的最高军事指挥官、最高管理者基本还来不及熟悉繁杂的国内、国际事务，就离开了"总统宝座"，这个职务就"泡沫化"了，连续不断、轰轰烈烈的美国总统选举也就成了一个动辄耗资 10 亿美元的社会控制机制，有效地巩固了美国的金融僭主体制，让第五金融国家得以"稳定地运行"，最大限度地降低了任何来自统治集团内部"挑战的可能性"。所以，不能说美国频繁的选举没有意义，不过意义不在结果，而在过程。

二、美国的军事文化建国的象征人物——"山姆大叔"

美国在宣传领域，一直宣扬"自由、民族、人权"立国，实际上一个国家立国只有两种方式，一种是中国这类传统民族国家，依靠文化立国，中华文化凝聚人心，历经万世而不变；另一种就是军事立国，就是没有民族文化作为基石，而依靠军事力量建国，强力组合，这类国家建立比第一种容易得多，但一般不会长久。比如欧洲古代的"古罗马帝国"，是典型的军事立国，现在已经彻底消失了。

有人说美国是民族的"大熔炉"，这是不客观的溢美之词。一个多民族文化的大融合，需要至少上千年的时间，美国社会各族群连一个融合的趋势和基础都不存在，是一碗"民族的八宝粥"。美国不仅广泛存在西班牙裔社区、非洲裔社区，还存在语言分化，很多人不理解这一点。英语是美国的官方语言，但美国存在着"西班牙英语"、"黑人英语"，这并不是说非洲裔就说"黑人英语"，而是经济条件、社区隔离导致的与主流英语有区别的"英语方言"。这个问题的性质很严重，1981 年里根政府、1996 年克林顿政府都先后拒绝承认"黑人英语"的"独立语言"地位，这里称之为"英语方言"（参考文献：周颜红.黑人英语演变历程及发展趋势.济南市：山东文学.2009，4）。曾经有一个挺和蔼的美国人告诉笔者不要和"社会底层"的黑人交谈，以免无意之间学习了那种看似简单的"黑人英语"，以后无意中说出来，上层人就会对你警惕，甚至躲开，你都不明白原因。这是一位美国女士，她没有任何的种族歧视，但这就是美国族群分裂的现状，背后就是居住、教育、收入、人际圈的分裂，是一种客观存在于美国社会的人文现象，也是"黑人英语"地位的问题会闹到要总统正式表态的原因。

美国立国缺乏民族、文化、语言基础，只好采用军事立国，美国军费一直居高不下，军事人员占人口比例一直高于中国等国家。不仅如此，美国陆军预备役部队、美国国民警卫队征兵的年龄上限为 39 岁（根据第二次世界大战的经验，一般提高到 40 岁，就是爆发全面战争全民总动员了，提高到 50 岁往往说明战争空前吃紧且进入白热化，提高到 60 岁基本是"最后一搏"了），在处于非战争状态的国家中，绝无仅有。这是一种很无奈的事，也不是美国希望这样，但文化传统不是快餐店和好莱坞可以生产出来的，随着时间的推移，美国社会族群趋于分化，而不是融合。

美国政府"山姆大叔"，这不是随便的"媒体说法"，是 1961 年美国国会正式规定的"美国（政府）形象"，是专门用来征兵的一个"艺术形象"，并没有这样一个人或"文学人物"。这个征兵形象最早出现于第二次美英战争（1812.6.18～1814.12.24）期间，美国虽然最后奇迹般地战胜了那时如日中天的"大英帝国"，却也开始兵员极度匮乏（甚至许多州不参加"美英战争"，"保持中立"，等着向"胜利者"伸出橄榄枝。大量美军和民兵向英军投降。比如底特律 2500 名美军一枪不发，向 700 名英军投降，美国首都华盛顿被英军攻占后，白宫、国会大厦等均被英军报复性焚毁，美国的"转败为胜"不在军事，而在金融，后面要专门提及），民众对于参军的热情并不高，甚至对于"美国是什么"还不是特别清楚，缺乏起码的国家认同。这时，"山姆大叔"这个美国政府、美国国家的征兵形象就出现了，并且被巧妙地和"美食"联系在一起，非常形象化，起到了很好的公关作用，对于美国战胜英国功不可没。

据传言，1812年在美国对英宣战的前夕，美国纽约州和新泽西州的军需检验官塞缪尔·威尔逊，他原来是一个肉类经销商，有关"山姆大叔"形象的出炉始末，都是由他"策划"，并且很成功。军需检验官塞缪尔·威尔逊说自己在军工厂遇到一个美国军人，就问这个人木桶（里面装的是军用牛肉）上的"E.A——U.S"是什么意思？他得到了一个很风趣地回答，"E.A是一个军火承包商，U.S是山姆大叔（Uncle Sam）"。

图片说明：这就是"山姆大叔"的征兵广告，已经有近200年的历史了，下面的文字有时不同，但人物和人物动作在近200年中却基本没有变化。文字的大意是："我需要你！加入美国军队！到最近的征兵站去！"，很有号召力和亲和力。

这样，美国政府从此就用"山姆大叔"来征兵，很亲切，又和军用牛肉相关，尤其对处于困境的人们来说，"很现实"，很容易产生一个联想："加入美国军队和英国打仗，就可以顿顿吃肉"，这很有说服力又很形象，很受美国人民喜爱，就沿用了下来。但这个温馨又有父亲一样面孔的形象，却是美国军方的形象、是美国军官塞缪尔·威尔逊的发明、是美国征兵的专用形象，很少出现在其他场合，这是美国立国机制的客观体现。

三、罗思柴尔德家族拥有了美元世界的不可思议之谜——金本位骗局

（一）黄金是什么

黄金，是一种普通的元素。我们生活在太阳系，太阳的质量主要由氢元素构成，由于质量极大，导致太阳内部发生了氢聚变反应，大约释放7%的能量之后，变成了氦元素，比如氦气球、氢气球原子量很轻。太阳的氢聚变结束后，变成一个大的"氦气球"（现在是一个"氢气球"，太阳内部由于超高压的存在，可能出现高密度的固体"金属氢"），由于压力很大，内部会继续发生"氦聚变"……大约到了铁就变得稳定了，太阳质量的压力不足以继续发生铁聚变。

在茫茫的宇宙中，比太阳大的恒星数不清，如果比太阳大8倍以上，当聚变过程让整个恒星成了一个"大铁球"的时候，依然会继续发生"铁聚变"，直至沿着元素周期表聚变到最后！这就是元素周期表的秘密，也是元素构成的秘密，而在更小的微观世界，一些我们目前还没有彻底弄清的微观世界，并不受原子聚变、原子裂变反应的影响，如同在原子水平上，任何化学反应都不过是"排列组合"。

黄金这种元素由于必须是比太阳大8倍的恒星"死亡"时的产物，所以在地球上并不是很多，目前已经开采的不超过30万吨，可以被制作成金币流动的黄金，估计总量不会超过5万吨，除非各国开始熔化金制品古玩珍宝和所有的首饰与金制品元器件，但这既不合算，也是一场大破坏，所以不可能发生。地球上的黄金容易开采的、值得开采的基本已经开采完毕（我们随便抓起一把土，舀起一杯海水，一定有金元素存在，但不值得开采，总量虽然挺多，但不具有开采价值），工业对黄金的需求日趋减少，主要集中在工业品、装饰和首饰等领域。

（二）世上无神——罗思柴尔德家族控制美国信用的历史背景

由于一些人对资本社会的概念并不清晰，对于财权的意义也不了解，更不明白一个国家的信用会被一个家族世袭拥有，对于"几个家族成员在密室中制订统治世界的规划"的说法不以为然，统称为"阴谋论"。

要想弄清这个问题，就必须先弄清美元世界为什么会被罗思柴尔德家

族控制，这的确有点匪夷所思，这就是金融战役学的魅力所在。罗思柴尔德家族的成功，有一些有利的条件：

1. 人事基础

金融战役学第一研究重点的是人事，第二研究重点才是金融。罗思柴尔德家族是共济会的化身，却逐渐主导，并"私有化、家臣化"古典共济会，最后用一个"形似实非"的现代共济会秘密替换了古典共济会，又用这个跨国秘密组织直接参与了美国建国，在美国政府内部和建国基础上都形成了对罗思柴尔德家族有利的力量和趋势。

如果罗思柴尔德家族没有能够主导所谓的"现代共济会"，也没有通过现代共济会参与美国建国，这个银行家族也就没有超越历史实现对美国幕后统治的可能，这不是靠一两个阴谋就可以实现，而是一个政治、经济、文化、人事、金融的复合性战略目标，对罗思柴尔德家族来说是一个逐步实现的系统工程，对于后人来说则是一个世界金融战役史中的典范战役。

2. 金融力量

罗思柴尔德家族的金币实力很强大，这让他们在1800年一举在法国建立了"法国第三央行·法兰西银行"，有关他们在德意志第一帝国的黑森伯爵理财中，或内森·罗思柴尔德在拿破仑滑铁卢之战完成了"第一桶金"的两种推测都是传言，因为早在这之前很久，罗思柴尔德家族的金币力量就已经空前强大，在欧洲无人能敌了，已经控制了整个神圣罗马帝国（即"德意志第一帝国"）的财政，这是个历史之谜。罗思柴尔德家族是继欧洲美第奇银行后的"欧洲第一银行家族"。从他们用"红盾"作为姓氏推断，很有可能是早期震撼欧洲，但也树敌太多的美第奇银行财产的秘密转移，这就能够解释在欧洲建立了金融僭主体制的美第奇家族的神秘"绝嗣"与罗思柴尔德家族的神秘"金币"的来源。

不管罗思柴尔德家族的这些金币从何而来，这都是他们先后控制德国、法国、英国、美国的金融战工具，这么大规模的金币，绝非是通过一两个小伯爵、一两次市场投机就可以"积累"的。最早的积累应该来自第一金融国家·古威尼斯共和国的"十人议会"——道理很简单：没有上千年的秘密积累和高效的积累手段，无法凝结可以左右整个欧美的金币总量份额。唯一可信的答案就是"老老实实的、长达千年的资本积累"，除此之外没有第二条神秘之路，具体资本兼并的过程肯定是充满了阴谋，但战略性的资本积累，只能依靠金融战役来完成，而不能脱离时间和物质总量的法则，这是物理世界对妄想的束缚，罗思柴尔德家族是控制了欧美信用供给的、真实的金融僭主世袭特权家族，不是神话人物。

3．政治基础与历史背景

在 18 世纪，欧洲各国的传统贵族体制的统治进入了逐渐瓦解的阶段，腐败逐渐制度化、成熟化、常规化，传统贵族政客门阀化、代理人化，不仅欧洲各国的商人阶层、平民阶层普遍有不满情绪，在争权夺势中"失势"的传统贵族也毫无廉耻和爱国之心，他们以能够找到靠山和求取哪怕一时的显贵为荣。在这种历史背景下，"英属北美海外领地"也是一片混乱，为了利益尔虞我诈、你死我活，旧的带有宗教烙印的传统道德趋于解体，新的资本主义道德就是唯"金钱"而已。人与人之间、商户与商户之间、家族与家族之间，毫无信任可言。美国政府被一些人看成是"叛国者"，各州政客相互并不买账，国有货币信用建立艰难。

这不是简单的现象，而是罗思柴尔德家族在背后依托强大财力在进行的表演，这就导致了第三金融国家"古尼德兰联省共和国"的那种看似统一，却各自为政的局面。既然国有威信无法树立，那么填补这个权力真空的就只有"私人"。问题是："私人"中谁的资本最大？金融资本的实力最强？金融资本中哪个家族最强大？答案就是：罗思柴尔德家族。

（三）谜中之谜——美国国家信用如何会被罗思柴尔德家族个人拥有

1．古典共济会的"组织"力量（略）

2．银行家族的联盟

当时，尼德兰银行集团、英国苏格兰银行家集团、法兰克福犹太银行家集团、瑞士银行家族集团等，都看上了北美广阔富饶的土地，试图取得主导权。这些银行家族集团在相互联姻、相互背叛的基础上，达成了一个侵占美国、控制美国一切财富和信用供给的"龌龊联盟"。

随着资本兼并，到了 19 世纪，美国已经是犹太银行家一枝独秀。但在美国建国前后的 18 世纪，渗透到美国的欧洲金融资本几乎涵盖了整个欧洲金融资本的"生态谱"。北美这块肥肉，招来了所有的金融恶狼。

3．金本位骗局

笔者在世界金融战役史《水城的泡沫——威尼斯金融战役史》和《海上马车夫——荷兰金融战役史》中，分析了从古罗马帝国时期，商业资本就一直心照不宣地蓄意联手制造了一个"铁打的金本位"体制，并持续地制造了欧洲金币流动性短缺，让欧洲各国必须依靠对银行家族的借贷才能完成财政循环，虽然各国的金融体系根本就不需要黄金这种元素。这时欧洲各国的信用供给被一一控制，并且"债务货币体制"、"独立央行体制"、"赤字国债理论"、"银行家恐惧金本位，金本位才是诚实的货币"这4个金融战骗局，就逐渐成了"颠扑不破的真理"。银行家族集团的联盟，首要就是在北美推广金本位，在欧洲巩固金本位。中国古代其实一直是"国有信用本位"和"铜本位"交替，所以一直比欧洲经济发展规模大得多，直到后来西方金融资本入侵，建立了"金银复合本位"，使中国经济突然就陷入了灾难性的流动性枯竭型金融危机，一直持续到金本位的"金圆券"彻底崩溃为止，一个历史阶段才得以终结。

（四）罗思柴尔德家族控制美国信用供给的5个阶段

1. 1776年7月4日之前——"无私帮助阶段"

这个时期，也是梅耶·罗思柴尔德（1744～1812）一个"质变"的时期，他从一个服务于犹太跨国组织的优秀金融代理人，演变成了一个控制并私人拥有犹太跨国金融资本的金融僭主，这就让这个时期的人事运作具有两面性。很多帮助美国建国的共济会成员，很多认为美国可以让犹太民族不再受"歧视"的犹太商人贡献很大、不计较个人得失，最后却都没有"善有善报"，更没有在美国统治阶层的门阀世家中成为"新贵"。

（1）跨国金融资本的武装代理人

美国真正的国父、美国独立的捍卫者、美国早期军队的指挥官、古典共济会成员、法国军事将领拉法叶侯爵（1757.9.6～1834.5.20），不仅家人几乎被现代共济会成员灭门（他和小儿子侥幸在外，得以幸免），他本人几经沉浮，被捧得很高，却没有形成一个新的门阀，反而彻底退出了历史舞台，不过还算得以善终，暮年他本人心灰意冷，对政治痛恨不已，完全不是当年那个指挥法国、美国军队的"跨大西洋总司令"了！

（2）跨国金融资本的金融代理人

美国建国初期的金融家哈扬·所罗门（约1740～1785）是美国建国时的金融柱石，他的钱自然是跨国金融资本提供，但他本人也耗尽家财，最后破产，后来被跨国金融资本抛弃，很久以后才有了一个墓地。他不仅没有能够成为美国的新贵，还彻底破产，家破人亡。

反之，他们背后的罗思柴尔德家族则如日中天，先后控制了德国、法国、英国、瑞典、美国等欧美国家的信用，广义拥有了世界一切财富。拉法叶、哈扬·所罗门为什么"缺少代理人那种天生的油滑和商人的精明"？因为他们有信仰，拉法叶侯爵代表着资本主义早期的积极的精神力量，哈扬·所罗门代表着犹太人民渴望解放、渴望自由的呼声。不管这些美国建国的先驱们有什么样的个人主观目的，都客观地推动了历史的进步，虽有许多不足甚至罪恶（比如针对印第安人的种族大屠杀），但整体还是客观地推动了历史的进步。

但是！他们误以为建立了美国就达成了各自的理想，结果却缔造了一个罗思柴尔德家族主导的、跨大西洋的信用供给卡特尔，一个腐朽没落的世袭金融僭主帝国，甚至比欧洲封建社会的贵族公推制度还要落后和封闭，完全依靠血缘、姻亲传承，依靠秘密组织幕后统治，不过是篡夺了工业革命的果实，寄生在欧美各个阶层身上的金融蛀虫。这个跨国垄断金融卡特尔不产生任何财富，依靠提供虚拟的信用符号控制了美元、欧元，更要进一步的建立"世界货币、世界央行、世界政府"，试图在全世界实现世袭的金融僭主体制，这是历史的倒退，是罪恶的一幕，是对工业革命和资产阶级革命先驱的亵渎和嘲讽，是一幕无数丑角纷纷登场的历史闹剧。

2．1776.7.4～1815.1.8——"弱化、控制阶段"

这段时间，被西方历史学家划入"美国建国以后"，这也无可厚非，但现代美国的版图、政治概念是1815年1月8日"新奥尔良战役"之后确立的。这里有一个小问题稍微提一下，英国与美国于1814年12月24日在根特（今比利时境内）签订了《根特和约》，彻底放弃了对北美的"所有权"。但由于通讯比较落后，或者美国军队蓄意削弱英军力量，因此有了"新奥尔良战役"。1815年1月8日美军大捷。这里选择这个日期作为美国独立政权巩固的标志，而没有用《根特和约》的签署日。

跨国金融资本在美国独立以后，没有能够取得对美国的绝对主导权，美国资产阶级、新军事门阀逐渐成长起来，根本不听跨国垄断金融资本的招呼，甚至有共济会口号和"光照物"图案的"美国国徽"都被废止了，原因很简单：因为它是共济会的产物。在这个历史阶段，美国政客集团脱离了欧洲金融寡头的主导，试图自己拥有这片土地，这是一个野心勃勃的时刻，也是一个欣欣向荣、桀骜不驯的美国资产阶级政客集团最辉煌、最光荣的时刻，是资产阶级建国理念体现最强烈的时刻。这个时期的美国是积极的、进步的，也就必然要与代表着血缘世袭的金融僭主体制发生矛盾和主导权之争。这个阶段，欧洲金融寡头集团的重点从扶植美国独立运动，转移到瓦解美国新军事门阀集团，瓦解以美国新军事门阀与美国新兴资产阶级联盟为基石的政治体制和社会基础，并且要全力破坏和阻止美国实体经济脱离虚拟经济的控制，并一定要主导美国的虚拟经济命脉——信用供给。

所以，渗透到美国各个层面的金融寡头集团，就蓄意破坏美国经济，制造了一连串的"金融危机"，极大地破坏美国财政与政府的信誉。与此同时，欧洲金融寡头集团一边联手控制了法国的信用供给，建立了"法国第三独立央行·法兰西银行"（1800，罗思柴尔德家族已经是举足轻重的"大股东"了），另一方面转而支持英国政府，增加其打击、封锁美国所需的海军投入，让建国初期的美国政府陷入全面的贸易、财政、外交困境，几乎全面崩溃（首都华盛顿后来都被英军攻占了），这就是"金融危机"从金融领域向经济领域，最后向政治、军事领域蔓延，金融冷战、热战并行的策略，使美国政府的信用和威望都受到了严重的损害，尤其是美国新兴资产阶级与新军事门阀的联盟，在美国新兴资产阶级困难时，掌权的新军事门阀阶层无力援助，这就让美国的新兴资产阶级丧失了独立性，逐渐向欧洲金融资本靠拢，甚至主动作代理人，也就逐渐被强势金融资本兼并了。

3．1815.1.8～1913.12.23——"弱化、控制阶段"

（1）以罗思柴尔德家族为首的犹太跨国垄断金融资本逐渐取得了欧洲跨国金融资本集团中的主导地位，同时拥有了法郎、马克、英镑的货币发行权，建立了欧洲跨国金融僭主体制，与其他银行家族拉开了质的差距，并通过"数字换黄金"的方法，垄断了欧洲的黄金供给与储备，这为后来在美国实施"金本位骗局"打下了扎实的物质基础。

（2）罗思柴尔德家族在这个时期，将古典共济会逐步边缘化，并使之最终"泡沫化"，并以一个"似是而非"的家族建立并控制的"现代共济会"取而代之。共济会运动从此出现彻底的异化，世界金融战役史的"美国卷"没有涉及共济会古代史，因为美国的"现代共济会"根本就不是欧洲"古典共济会"，而是一个金融僭主家族控制的跨国秘密情报组织和跨国影子政府。

（3）美国开国元勋，纷纷"病故"、被暗杀或去世，没有建立一个巩固美国资本主义本土门阀体制与美国上层普遍存在的门阀体制没有任何关系，这是因为金融寡头处心积虑、各个击破，不引人察觉地消灭了一个又一个具有影响力的美国开国元勋家族，"美国国父"连个孩子都没有，就突然英年暴毙（这个诡异的历史谜案，后面要评述其过程和原因）。伴随着美国最具影响力的"开国元勋国父和世家子弟"的没落，罗思柴尔德家族建立了一个以华尔街集团为核心的美国政治门阀体制，至今美国所有的大财团、大政客家族都与华尔街有着千丝万缕的联系，却没有任何一个有影响力的美国家族、美国门阀是源自开国元勋和美国早期的新兴资产阶级，这个具有鲜明跨国银行代理人特征的政客集团与华尔街寡头的联盟，秘密替代了美国早期的开国新军事门阀与新兴资产阶级的联盟，这个过程很缓慢，一进一退，几乎用了100年才完成了这个"统治集团内部的大换血"。

就在这100年间，由于华尔街不断制造"金融危机"，导致美国政府的信用不断被破坏，形成了一种"美国政府信用不可靠，黄金才是诚实货币"的思维定式，这直接导致了美元发行的"金本位化"，而**金本位的货币必然是私有化的货币**（即便美国政府拥有绝大多数黄金储备与产能，也是如此，因为人们接受的不是美国政府信用，而是私人也可以发行的金币，这之间的原则性的分水岭，就被"金本位骗局"巧妙地化于无形了），美国政府在"金融危机"下，不断陷入了向跨国金融寡头家族借贷黄金信用的金融战陷阱无法自拔，美国政府内部的华尔街代理人又推波助澜，阻止了任何美国政府信用货币强制推行的可能。当有限的黄金逐渐变成了美国政府欠下罗思柴尔德家族的"借贷利息"的时候，美国信用的债务化、私有化已经完成，不过需要一个"法律形式"来认可，这就是金融主义在美国确立的标志，象征意义已经大于实际意义。

4. 1913～2007 年——"创立、巩固、利用美元体制的阶段"

（1）创立

这个历史时期，罗思柴尔德家族依靠其建立的洛克菲勒财团、高盛财团、摩根财团等华尔街巨子、美联储世袭股东，操纵美国银行代理人为主的政客集团，把美国的信用供给和美国个人所得税征收两大特权把持到手，并成为其在美国实现金融僭主体制的基石。

（2）巩固

罗思柴尔德家族通过摩根财团、洛克菲勒财团操纵的华尔街先后制造了一系列的"金融危机"，直接导致了美国实体经济资本家彻底退出了美国领导层，最终完成了以罗思柴尔德为首的欧洲金融寡头和银行代理人家族对美国的金融主导、政治主导、情报主导、军事主导。

（3）利用

美元体制，这个建立在债务货币体制、金本位、独立央行体制之上，又成了美国的"合法存在"，金融资本仅仅通过连续挑起世界性的战争，就让美国经济鹤立鸡群，成了世界性的"信用供给者"。这就是美元体制在布雷顿森林体系中的世界货币化和第二次世界大战后期"马谢尔计划"的秘密——私有信用数字符号的世界化、合法化、常规化。

截止到这个历史阶段，以罗思柴尔德家族为首的欧洲金融寡头和银行代理人家族彻底主导了世界的现代虚拟经济，并通过这个不公正的信用供给体制，实现了对世界各国、各阶层的广义财富转移，并使之"合法化"、"主流化"、"制度化"。

5．2007～？——华尔街最终的寡头资本出现阶段

美国信用和美国个人所得税1913年在违犯美国宪法的情况下（《美国宪法》第1章第8节，"国会拥有货币的制造和价值规定的权力"，而控制美国货币发行的纽约美联储是世袭股东注册并拥有的私人赢利机构），交给了"国际债权人"集团，是美国各种利益集团共同"努力"的结果。美国政客集团、华尔街银行代理人集团、美国大商业集团、美国大工业集团、跨国垄断金融寡头集团……他们的联手，导致了独立央行这个历史的怪胎在美国出现，美国政府才从此丧失了财权、货币权、金融权、预算权、最主要的个人所得税征收权（这就是美国债务货币的利息由美联储世袭股东控制，1913年开始对美国各阶层公开征收非法的"直接税"，详见"江晓美.货币长城·金融战役学，第1卷'虚拟经济学'].北京：中国科学技术出版社.2009"）。这样的结果就是，美国出现了一个大资本集团的"利益联盟"和"分赃机制"，这虽然不符合美国宪法，也彻底背叛了美国资产阶级建国先驱的理念与信仰，但却类似于欧洲古代的世袭贵族公推制度，而且还发展了一个工业文明体系，比欧洲古代的封建体制有某些进步（同期发明了电脑，这就是工业文明的硕果），也还算是某种程度的"集团统治"，资本凝结的总趋势虽然逐渐恶化和寡头化，但家族之间的优胜劣汰，在一定程度上起到了缓解社会矛盾、阻止资本过快凝结的作用。

但是，私有制的趋势就是资本不断地凝结，资本依靠优胜劣汰凝结的历史阶段是资本主义最欣欣向荣的阶段，也被称作"自由竞争的资本主义阶段"，但这个看似繁荣的阶段却孕育着一种必然的负面结局，代价太过昂贵了！当资本凝结催生了金融主义，也就是信用被某个私有资本集团控制以后，资本主义社会的资本凝结就从"优胜劣汰"转向"马太效应"——

控制了美国信用发行特权和直接税收特权的华尔街垄断金融资本一定会战胜任何实体经济和虚拟经济的资本集团，不存在任何悬念。这好比制定游戏规则的人，一定可以战胜参与游戏的最强者，这根本就不是公平的较量。

美国普通资本不论多大规模，都在追求美元信用本身，而拥有美元信用的信用卡特尔集团追求的是对这种能够对美国各阶层自由的、合法的实现广义财富转移的机制本身，可以扶植任何一个劣势竞争者，轻易打垮有经营优势的"优胜者"，从而彻底破坏美国市场经济原则，又不引起人们的注意，这就是为什么说：金融主义与市场经济背道而驰，跨国垄断金融资本是打着"伪市场经济"的大旗，在利用信用垄断优势，消灭、颠覆、破坏美国的市场经济，一句话，金融主义是资本主义的最高阶段、它用虚拟经济的魔法给资本主义带来了物理世界不可能赋予的"增长"速度、空前的繁荣与资本凝结的同时，也不可避免地走到物理规律的对立面，成为资本主义的掘墓者。

四、《谢尔曼白银法案（1890）》与美国 1873 年金融战役

（一）"如果"与"但是"——简评金本位骗局的金融战价值

发生在 1873 年、1893 年、1920～1921 年、1929～1931 年的"金融危机"都有一个共同的特点，那就是美国经济循环中的货币媒介被突然抽走。这个概念如果仅仅表述为书面的金融概念，听起来似乎不是多么可怕的事，但当这种现象发生的时候，却意味着人们没有钱买食品；意味着一个雇员会被"放无薪长假"而仅仅是因为工厂没有现金支付工资。银行家这种极度残暴的罪恶和其所造成的史无前例的苦难，没有任何一种惩罚足以让他们清偿对人类同胞犯下的罪行。——尤斯塔斯·莫林［（美）尤斯塔斯·莫林等著.美联储的秘密(161 页).（法）尼斯: john mclaughlin 出版公司.1993]

金本位货币等于私有货币，这个概念即便是现在也很少有人理解。在 19 世纪人们就不理解银行家为什么要坚持推行"黄金这种诚实的货币"。罗思柴尔德家族在美国推行金本位货币长达 100 年，这就让美国国家信用货币的概念被美国人逐渐遗忘了。莫林先生这段话列举了美国历史上由华尔街制造的 4 次流动性枯竭型"金融危机"，可有 2 次发生在 1913 年美联储这个独立央行建立之前，银行家又如何"抽空美国经济的货币供给"呢？原因很简单：金本位骗局发挥效力了！

如果美国在 19 世纪根本**没有**被银行家控制，也**没有**实施金银复合本位，美国如何会发生"货币流动性枯竭"导致的"金融危机"呢？罗思柴尔德家族即便拥有所有的黄金和白银，也无力制造美国经济、金融的全面崩溃，因为美国政府可以任意注入政府信用货币，根本就不需要用黄金、白银或债务进行抵押。那么不仅罗思柴尔德家族将丧失对美国金融的影响力，欧洲金融寡头手中的黄金和白银最多不过是一种普通商品，紧紧握住不放最多导致工业替代品的出现和金银首饰的升值，对美国宏观经济则没有任何的影响力。

但是，美国在 19 世纪被银行家控制了，实行了金银复合本位，这本身就是私有货币。世上哪有那么多黄金呀！美国市场的黄金大多依靠欧洲金融资本的输入，美国和墨西哥出产的黄金、白银大多被金融资本控制，那些金矿、银矿都是金融资本家族的财产，白银和黄金大量被运往欧洲或秘密储存在美国银行家的家族金窖中，然后以贷款的形式输入到美国经济的各个环节中，美国政府实行金本位的同时，就已经丧失了货币发行权。美国政府不能制造黄金，发行美元要先发行美国国债，银行家认购，美国政府才能发行，银行家不认购，美国政府就不能发行货币，这说明债务货币、私有货币两大因素已经主导了美国货币体系——金本位骗局作为一种欧洲传统的金融战模式已经发挥作用。

（二）谢尔曼财团为何要提出"谢尔曼提案"

华尔街的谢尔曼财团本来是罗思柴尔德家族的一个"金融伙伴"，后来罗思柴尔德家族安排 J.P.摩根去"学徒"，然后"鹊占鸠巢"反而控制了"不听招呼"的谢尔曼财团（有关详情，请参看《雾锁伦敦城——英国金融战役史》）。

整个 19 世纪，罗思柴尔德家族在美国的金融存在与日俱增，到了 19 世纪下半叶，随着摩根财团的登场，基本控制了美国的金币供给。这个时期，为了加剧美国的流动性匮乏型"金融危机"，进而取得美国实体经济的控制权与美国信用供给大权，就必须进一步削减美国货币流动总量。中国曾经有一种大洋，叫做"鹰洋"，上面有一个老鹰的图案，大多是用墨西哥白银铸造的，当时被美国市场看成是 1 个美元。这种"鹰洋"在美国商界是一种通用的货币，不管谁铸造，只要成色、重量、样式没有问题，人们都接受，美国政府也不管。虽然美国政府也发行美元纸币，但只是一种"白银、黄金寄存券",这样不论美国经济有多大规模,都要受金银总量的限制,两者本来没有任何关系,供给数学模型却造就了一个"匮乏型"金融战模式。无论如何,白银比黄金多,而且墨西哥发现了不少银矿,导致白银供给量增加,如果市场有足够的白银,各国商人就私铸银币,投入流通,不管美国政府如何看待,美国商界、金融界都必然接受,这就是**金银天然是私有货币**的"妙处"。

图片说明:这是 1873 年在美国"金融危机"中,被银行家欺骗的美国储户,在1873 年 10 月 4 日冲击罗思柴尔德等外国银行家拥有的位于当时纽约拿骚街 20 号"美国第四国民银行"(美国联邦政府的特许银行)的疯狂现场。这是当时"弗兰克·莱斯利画报"1873 年 10 月 4 日第 67 页的现场素描,是美国金融战役史与纽约私人银行信誉的真实写照。

为了加剧美国的货币流动性枯竭,凸显罗思柴尔德家族手中的黄金价值,就必须减少市面上的白银。他们就授意华尔街财团于 1873 年开始抽走黄金和白银,并收紧美元汇票和现金的流动性,制造了 1873 年美国严重的全国性"金融危机"。商业无钱运营;工厂无流动资金开工;劳动者领不到现金来买面包;企业主既无货币购入原材料,也突然发现原来的"消费者"都成了"失业者",而立刻丧失了市场,陷入流动性枯竭,乃至破产……

这场"金融危机"一直延续了很长时间,美国政府束手无策,颜面尽失,这次"金融危机"史称"1873 年的货币癫狂",绝望的人们已经丧失了理智，四处寻求"货币流动性"，不管是金币、银币、汇票、纸币。在"金融危机"逐渐消退的时候，已经被罗思柴尔德家族通过 J.P.摩根控制了的谢尔曼财团就提出了一个"稳定美国金融市场"的"反思性"、"前瞻性"、"善后性"并存的"建议"——后来在美国会形成了一个法案：《The Sherman Silver Purchase Act（1890.7.14）》，即"谢尔曼白银法案"（有时被直译成"谢尔曼白银购买法案"）。这个法案很有意思，综合起来有两点最为重要：

1. 美国政府必须定期大量购入白银。

2. 美国政府不得发行货币购入白银，而要首先发行国债，然后由"国际债权人"认购后，才能发行与国债等值的美国货币，去认购白银。

这个"稳定美国金融"的法案，不引人察觉地影响了美国的历史进程，成为世界金融战役史上的经典案例。

图片说明：罗思柴尔德家族幕后操纵的《谢尔曼白银法案（1890）》导致那时的美国政府大量购入白银，然后铸成"bullion"，即"大银条"、"大银砖"，却不能用于铸造银币投放市场，最后都归了"美联储"。这就证明了那两句话："真理往前迈一步就是谬误"、"魔鬼总在细节中"——实物黄金和白银的储备不错，但是为了应对银币流动性短缺，而不是在银币流动性枯竭的时候，从市场抽走白银。抽走了银币等于流动性凝固，对那时的美国经济简直是"闹肚子还吃泻药"，雪上加霜了。

（三）"谢尔曼法案（1890）"不是孤立事件，而是"国际债权人集团"导演的"金本位骗局"中的一个战役节点

1.《金属币法案（1873）》（Coinage Act）

内容：推行金本位，废止银本位。

意义：虽然这个法案是个根本"无法执行"的法案（因为美国没有足够的黄金流动性，这禁止银币跟禁止货币一样，实际上行不通），但把美国

拖入了金本位骗局。所以有些正直的美国学者斥之为"罪恶的法案",因为其直接导致了"金融危机（1873）"的恶化。

2. 《特别货币回收法案（1875）》（Specie Payment Resumption Act）

内容：回收美国林肯绿券（林肯以美国国家信用为基石，发行的货币，没有任何国债抵押，金银抵押，是美国林肯时期的胜利基石，也是林肯遇刺的原因），实际上废止了林肯绿券。

意义：否定了政府发行货币的权力，从此美国政府必须抵押国债或借入，而不能继续发行"林肯绿券"，就是建立的"债务货币体制"，否定了"预发行货币余量的存在"，国家货币发行与欠私人债务挂钩了。

3. 《布兰德·艾利森法案（1878）》（Bland-Allison Act）

内容：类似于稍后的"谢尔曼白银法案"，让美国政府购买白银，然后发行白银券。不过除了与"谢尔曼法案"类似的原因之外，最重要的背景在于1873年华尔街炮制的《金属币法案》，强制推行金本位，制造了美国恶性的金币流动性枯竭（这是必然的结果，美国经济规模很大，世界上没那么多金币），骂声一片，各界反响极大，不得已，再次玩弄了"银本位美元"的骗局，"缺点"就是白银数量比黄金多一点，"国际债权人"控制起来比较难一些。

意义：银行家看似"退了一步"，实际上强化了金银复合本位，彻底摧毁了美国政府的货币发行权的法律基石，这几个法律都违犯了美国宪法。

4. 《美国黄金法案（1900）》（Gold Standard Act）

内容：1900年3月14日，华尔街又在美国国会抛出了一个把黄金作为美国纸币唯一"抵押品"的法案，也就是美元彻底实现金本位化的法案（放弃了美国长期实行的金银复合本位）。该法案由美国总统威廉·麦金莱签署。

意义：从此，美国彻底掉进了"国际债权人集团"精心设计的金本位骗局——黄金和泥土一样是诚实的，可拥有它们的银行家并不诚实。

第二章

"诚实的货币"与不诚实的银行家

一、《谢尔曼白银法案（1890）》的恶果

罗思柴尔德家族通过谢尔曼财团抛出的这个法案，看似在于"巩固美国的金银复合本位"，实际上却把美国经济拖入了深渊。

（一）加剧了美国硬币流动性紧缩型"金融危机"，巩固了"诚实货币"的骗局

从此，美国市场白银存量锐减，白白堆放在美国国库中，最后都入了美联储股东的腰包（美国一切金融储备凭空划归"独立央行""管理"，这是对美国人民的一次掠夺，也是"独立央行"理论的罪恶之一），美国的金银复合本位体制趋于崩溃，白银相对于黄金的"流动性数量较多的优势"，也就被迅速削弱了。美国政府成了世界白银市场的第一大买家（有人认为东印度公司此时购买最多，美国那时是第二大白银买家，这有可能）。这就造成了针对美国市场的一次金融战役——美国政府购买越多的白银，美国商业体系中的银币流动性越发趋于匮乏，直至枯竭。

1890 年通过这个"稳定美国金融的法案"，1893 年美国就爆发了史无前例的流动性枯竭型"金融危机"，罗思柴尔德家族出面提供金币信用，让美国确立了"金本位体制"和"债务货币体制"，此后美元的私有化就没有任何悬念了。

（二）巧妙地剥夺了美国政府的金融管理权与货币发行权

等于不许美国政府抛售白银、发行银币来缓解金融危机，剥夺了美国政府的货币、金融管理权，还间接实现了美国货币的债务化、"私有信用化"、"金本位化"。"金本位"是"债务货币体制"的序曲，"债务货币体制"是

"独立央行" 必然是 "国际债权人" 家族主导的奥秘所在。《谢尔曼法案》吹响了美国货币私有化的号角，将原来由美国人民赋予美国政府与国会的金融监管权与货币发行权，转移到了 "国际债权人" 手中，并通过强化金银复合本位（同时与 "债务货币机制" 捆绑），让美国政府从此在美国经济、货币、金融事务中被 "边缘化" 了，这种状态一直延续到了今天。美国所有的经济、金融、货币、财政、税收、预算都由美联储主导，离开了美联储世袭股东的安排，美国的赤字预算无法实现，国家职能也无法维系，就不要说 "确保金融市场稳定" 了。

二、罗思柴尔德家族对美国政府的金融决战——"赤字国债理论" 的锁链

（一）现代虚拟经济的雏形

1873 年，华尔街对美国发动了残酷的金融战役，导致大量的美国家庭、工厂、金融机构的破产，廉价地主导了大量美国金融资本与实体财富。由于这种所谓 "金融危机" 的性质，从技术上来说无异于 "毁灭性的信用枯竭"，唯一需要注入的是美国政府的信用符号。换句话说，这是银行家人为制造的 "恶性通货紧缩"，而不是 "通货膨胀"，甚至是 "通货枯竭"。这时，由于美国是 "金银复合本位"，美国政府不可能注入足够的信用，所以美国实体经济就突然回到了没有货币媒介的原始社会。尤其在美国南方地区，"货易货" 再次出现了，并且有蔓延的趋势。

为什么？因为美国实体经济并没有任何变化，是垄断金融资本主导的美国虚拟经济对实体经济施加了反作用。这也预示着一个新的历史阶段的开始，那就是 "金融主义阶段"。

在古代，虚拟经济对实体经济也有反作用力，但整体还是实体经济在起作用。但是垄断金融资本主导虚拟经济出现以后，诞生了一种 "现代虚拟经济"。它可以完全脱离实体经济，并反过来主导实体经济、扼杀实体经济，这就是私有制历史阶段的末期，资本极度凝结导致了垄断资本对市场经济和市场原则的彻底颠覆与破坏——美国自从进入金融主义阶段之后，就不存在市场经济了，而是一种世袭金融僭主体制主导下的绝对垄断经济。

（二）"赤字国债理论"的出现

1. "预发行货币余量"

在古代欧洲，一个国家财政紧张，向有金币的大商人发行国债，虽然问题多多，但在那个历史时期，也是一种必然的选择。但是，当历史的车轮碾碎了封建制度，工业革命之花在北美大地绽放的时候，实体经济开始飞速地增长，每一年都需要有新的信用符号相应增长。这些信用符号必须在实体经济增长之前就投入市场，否则实体经济就如同被勒住脖子的小狗，长不大。这个信用量，在金融战役学中被称作"预发行货币余量"。既无须借贷，也不能看成"政府赤字"，因为实体经济发展与虚拟经济信用符号准备之间的一个时间差，政府必须有计划地在头一年，甚至几年前投入市场，才能释放实体经济发展的表现空间。

可是，这个"预发行货币余量"竟然是金融战役学中的"自有概念"，西方自由主义经济学根本就没有这样一个概念，而把这部分货币解释为"政府赤字"。视为"赤字"的奥秘在于，银行家可以跳出来，"限制政府的赤字"，迫使政府必须把本来正常的"预发行货币余量"，变成向银行家族销售的"国债券"，然后才能"借来信用符号"，用以填补这个实体经济逐年发展所需的"预发行货币余量"的真空。这是一个地地道道的金融骗局，属于高端控制理论。

2. "骑在树枝上锯树"

很多人不理解这笔"国债券"为什么最后必然由"国际债权人"认购，这是否定"预发行货币余量"，建立"赤字国债理论"的第二个奥秘——"骑在树枝上锯树"。

从名义上来说，美国政府由于《谢尔曼法案》的限制，必须向本国发行美元国债来缓解美国社会信用枯竭带来的巨大压力，但"1：1"的认购，将导致美国社会持有1美元的美国国债，交出了1美元的等值金银，然后美国政府又把国债筹到的1美元金银投入美国社会。这个"击鼓传花"的过程，丝毫没有增加信用总量，对于缓解美国国内的流动性枯竭毫无价值，成了一场闹剧——"骑在树枝上锯树"。

而且，美国社会已经受到信用匮乏的侵扰，哪有大量金银来认购美国政府的金银复合本位国债呢？这种认购，还会导致在"国债购买者——美国政府——筹得款项刺激性注入美国经济"的循环中，滞留一段时间，反而会立刻加重美国经济的流动性枯竭。一个看起来主要是针对美国公民的"美国国债"必须由跨国金融僭主家族来认购，必然会形成一个控制美国国债和货币发行的"国际债权人集团"。因为只有"外来的信用符号"，才能让美国国债"带来真的信用雨水"缓解美国社会的"信用干旱"。

问题是：整个过程就否定了"预发行货币余量"的存在，树立了"赤字国债理论"的"合理性"，结果用凭空制造出的赤字，酿制出了从来就不存在的债务，把国家货币的蛋糕，廉价地送给了"国际债权人"。

三、《谢尔曼白银法案（1890）》的"辉煌战果"——1893 年席卷美国的金融狂飙

（一）美国崩溃了！——金银本位导致的恶性通胀与恶性紧缩同时到来

《谢尔曼白银法案》虽然是"购入白银"，但巩固的是"金属币本位"，排斥了美国信用，战略目标是在美国正式确立金本位主导的金银复合本位体制。国会辩论时，提出的法案口号是"缓解通货膨胀、繁荣美国经济、稳定美国金融市场、缓解金融危机"。

这种针对"通货紧缩型金融危机"给予"缓解通货膨胀"的措施，立刻就导致了美国经济形势的全面恶化——没有流通媒介了。

这样骤然严峻的金融态势，大约出现于《谢尔曼白银法案（1890）》实施几个月后的 1891 年，美国的整个实体经济的秩序就被彻底打乱了。必须明确一个严肃的问题：**美国政府储备金银绝对正确，关键在于：储备金银的目的就是在市场金银匮乏的时候大量抛出。**以罗思柴尔德家族为代表的华尔街抽走金银流动性的时候，美国政府以国家规模"储备白银"，就好比一个蓄水池本来应该干旱时放水、天涝时蓄水，却在大旱之时，反而加大从河流里抽水的力度（本来该放水），田地不就干涸了吗？

《谢尔曼白银法案》成功地制造了一种后来在金融战役史上反复出现的"诡异现象"——"通货紧缩时'预防'通货膨胀"。1988 年下半年美国访华的金融专家小组，通过美国金融专家布雷德曼给出现通货紧缩征兆的中国提出了"预防通货膨胀"的 4 条建议，其中就包括"大规模国家储备应对通货膨胀"，大约 4 个月就制造出了本来并不存在的"通货膨胀型金

融危机"。1890 年通过这个法案，不到两年的时间，美国经济就到了崩溃的边缘，美国政府已经处于财政破产的状态，国家信用一文不值了。

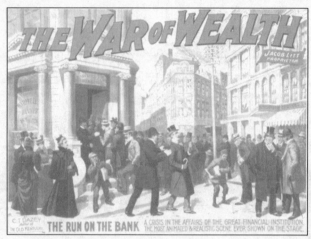

图片说明：这是美国纽约百老汇在 1895 年 2 月 10 日上演的"财富的战争"，作者查尔斯·特纳·迪恩兹（Charles Turner Dazey）。这正是美国 1893 年"金融危机"日趋恶化的年头。百老汇也非常不景气，试图用这种"活报剧"来唤起人们的感情共鸣，提高票房。海报中挤兑的人们在银行前面排成了长龙，警察在维持秩序；穿着体面的失业者哀求趾高气扬的银行家；年幼的报童在雪地上出售着各种"坏消息"，银行家尔虞我诈，相互陷害，大多数人则愁眉不展。

（二）美国金融战役（1893）

1893 年，美国金融秩序基本失控，美国政府丧失了对美国经济的调控能力，"金融危机"的狂飙席卷了整个美国，史称"1893 年金融癫狂（Panic of 1893）"，距离史称"1873 年金融癫狂（Panic of 1873）"整整 20 个年头。

这不是两次"金融危机"，而是由华尔街掀起了两个冲击美国政府信用基石的金融冲击波，一次比一次强，《谢尔曼白银法案》巧妙地把美国政府的稳定性力量转化为进一步制造市场流动性枯竭的破坏性力量，制造了美国史无前例的"金融危机"。这是金融战役的系列化、连续化、多层面化的一次创新和尝试，罗思柴尔德家族的这个经典战役是金融战役学中的必修范本。

由于 1893 年美国人民、美国各阶层都经历了近 20 年的"金融危机"的折磨，承受能力极度脆弱，大批企业主、农场主、中小手工业者破产，到处是失业的人群。当时丰收的棉花半价销售，没人要，很多就霉烂在仓库中。美国家庭主妇没有钱来给婴儿购买牛奶，奶牛不得不被大量被宰杀，存栏量大幅下降，美国实体遭受到了巨大的破坏。这次"金融危机"被美国历史学家称作"1893 年金融癫狂"，被当时的美国剧作家称作"财富战争"，这不仅恰如其分，而且还是一个"词汇"。

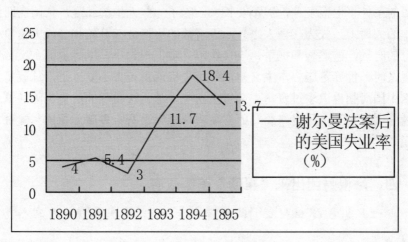

图片说明：这是罗思柴尔德家族的银行代理人摩根财团主导的谢尔曼财团在美国国会抛出《谢尔曼白银法案（1890）》后，美国失业率的变化。这不仅仅是失业率，还表现为美国市场购买力的急剧下降和美国社会矛盾的急剧尖锐化。失业百分点会形成一种消极的社会心理压力与对消费对生产的逆向反馈，"暂时有利于雇佣者压低工资的有利态势"、"雇员失业预期应急储备"等，会导致社会实际消费出现最少 3 倍于"失业百分点"的变化，也就是金融战役学中的"失业消费互动假说"。一般失业率达到 20%的时候，一个社会的经济构架、政治构架就趋于全面崩溃，这对于金融战役的战役控制数学模型的建立有很大的参考意义。具体到这次美国金融战役（1893）来说，则巧妙地利用了美国政府的财力和信用，摧毁了美国政府的财力基础和大众信心，为控制美国政府的信用打下了坚实的社会基础和物质基础。

　　如果设身处地的考虑，就能知道美国"1893 年金融危机"的严峻形势了。1890 年，美国劳动力中有 4%的人没有工作，这已经是很严重的社会问题了（《谢尔曼白银法案（1890）》就是"为了解决"金融危机而出台的）。可到了 1895 年，美国失业率已经高达 18.4%（约每 5.4 个劳动力，有一个失业者；每 2.7 个家庭，夫妻俩中就有一人失业；"有 5 个劳动力的美国家庭"，一定有一个失业者）。当时，一个失业者眼看着家里缺乏口粮，又听说农产主在"宰杀奶牛，然后埋掉"，这不会令人产生学术研究的兴趣，而是催生了不可抑制的仇恨、愤怒，这给当时的美国社会带来了巨大的社会问题。美国新兴的资产阶级不仅首当其冲，还"两面作战"，最后被跨国金融资本发动的金融战彻底消灭了，再也没有恢复起来。这个历史事件反映了一个问题：当金融主义的大树长成森林之后，民族资产的种子虽然会在相对的条件下生根发芽，但不会长大，除了一些天生的藤蔓，依附在跨国资本的大树上，成为代理人之外，大多数的小树会在开始和参天大树争夺养分的时候，被遮蔽和扼杀，连一丝阳光也见不到——世界金融主义体系出现之时，世界各国资本主义建国的历史机遇就一去不复返了，这就是为什么中国清朝也追求过资本主义君主立宪，却无法实现的历史原因（说是慈禧一人阻止了"历史车轮"的发展，那就过于高抬昏聩无能的封建统治者了）。

四、摩根财团出来"帮助"美国政府了

（一）美国 19 世纪的"政坛庸才"—— 美国总统"老实人·克利夫兰"

1890 年摩根财团在幕后指挥了《谢尔曼白银法案（1890）》，1893 年美国就爆发了全面的"金融危机"，到了 1894 年后美国的"金融危机"已经演变成了全面的经济危机、社会危机，乃至"政治危机"。美国新兴资产阶级与实体经济的代理人美国民主党在 1893 年以后的很多选举活动中都被选民抛弃，美国政客格罗弗·克利夫兰领导的民主党政府（1893～1897）成了一个任由华尔街摆弄的"弱势政府"，美国金融资本和虚拟经济的代理人美国共和党取得了一系列的政治胜利，从此正式成为了华尔街的代言人。问题是：这仅仅是一个表面现象，美国政治从此再也没有出现自我标榜的"多党制自由选举"，除了早期创始人被公开枪杀的美国宪法党，从此以后美国联邦党（和美国宪法党有一点关系）、美国辉格党（和美国联邦党有一点关系）、美国"无党派人士"（独立选举人，当然也不是"真的独立"，比如共济会总统华盛顿，就是"无党派总统"）……统统退出了美国统治集团，美国没有再出现此类总统。

从此美国总统选举成了美国民主党和民主党中依附华尔街而"独立挂牌子"的一个内部派别——美国共和党的政治表演秀的大舞台与"分红大

厅"，资产阶级民主政治理念退出了政治舞台；英国苏格兰银行集团的影响力退出了美国政治舞台；美国新兴的资产阶级退出了政治舞台，取而代之的是跨国金融资本扶植的"美国民主共和党"，一个世袭金融僭主体制——封建制度又在美国死灰复燃了。

图片说明：美国总统格罗弗·克利夫兰（1837.3.18～1908.6.24），任期（22届总统1885～1889；24届总统1893～1897），美国民主党人，是美国基督教长老会的成员（这个组织很复杂，与此无关就不多提了）。他与 J.P.摩根共同导演了一幕闹剧，是美国金融战役（1893）的执行者之一。正是这个美国政坛上名不见经传，被称作"政坛老实人"、"诚实的克利夫兰"的民主党政客，铺平了"国际债权人"篡夺美国货币发行权的道路。他不显山露水，表面窝囊，胸有奇谋，秘密联手外国金融寡头家族，破坏美国政府信誉。他还蓄意否决了灾荒隐现之时政府援助农民免费种子的法案，让美国大批农场主向银行家族高息借贷，成了表面风光的世袭债务奴隶，让美国政府失去了广泛的民众基础和美国新兴资产阶级的支持；他还故意否决补贴身陷"金融危机"困境的美国老兵的福利法案，以此激怒美国军事集团，有效削弱了美国政府的后援，破坏了美国政客集团与这两大支柱的"战略联盟"，断绝了美国政府依法打击华尔街寡头，强行注入政府信用的后路，表面"忍辱负重"，用心"良苦深远"，是美国金融战役史中的一个奇才。

美国总统格罗弗·克利夫兰背负各方责难，被看做是一个正直、诚实、廉洁的"老实人"，在那个尔虞我诈的年代简直是"政坛瑰宝"。他默默地承受了无数的责难，把美国社会反思的矛头引向自己的同时，彻底毁灭了美国政府与美国国有货币的信誉。他是美国所谓的"两党政治"现代与早期的分水岭式的人物，是一个背叛了一切的丑恶政客——他本人就是一个华尔街金融专家，早期靠打经济官司起家，此后成了华尔街的一个银行家，成了一家华尔街人寿保险公司的合伙人。

（二）罗思柴尔德家族闪亮登场——金币信用的垄断供给者

从 1893 年开始，美国出现了广泛的工厂、矿山的倒闭，原因就在于流动资金极度匮乏。人们不得不拼命借贷，无法考虑利息多少，华尔街打着信用风险的旗号，用高利贷控制了大量本来经营状况良好的美国企业。这时，金币、银币就紧俏到了极点（现今也是这样，但美国政府不能发行）。有白银、黄金就可以铸造货币，地点大多在墨西哥、欧洲等"境外"，可实际上谁也没法统计这些银元从哪里来。只要成色、重量、形态大抵无误，人们就会接受。所以"铸币的原材料"开始紧俏了，黄金、白银陡然奇缺，不符合工业发展的规律，逆历史潮流而动，19 世纪末的美国竟然出现了"金属币流动性枯竭型金融危机"。

罗思柴尔德家族制造的美国 1893 年"金融危机"迅速发展，到了 1894 年已经发展到了影响美国预算平衡的程度。因此美国经济实际上陷入崩溃，税收无法实现，国家预算无法平衡。这句"含蓄的西方学术八股"是什么意思呢？很简单，美国政府破产了！

美国总统格罗弗·克利夫兰和 J.P.摩根会面"协商美国前途"，这是 1894 年的秋天。有的文献说是美国总统找到摩根财团紧急求援（参考文献：张庭宾.黄金保卫中国.北京：机械工业出版社.2009）；有的文献说是 J.P.摩根"自告奋勇"出于"爱国主义"主动要替陷入金币流动性枯竭的美国政府"海外融资"[参考文献：（美）琼·施特劳斯，王同宽，贺慧宇译.华尔街之子·摩根.北京：华夏出版社.2004]。

在了解了美国总统格罗弗·克利夫兰这个历史人物之后，这种微妙的差别就不重要了。几乎所有历史文献都证明一个历史事件：美国总统格罗弗·克利夫兰与 J.P.摩根商谈如何通过向"国际债权人集团"进行融资，以缓解美国的"金币流动性匮乏型金融危机"。这是没有任何争议的历史事实，这一点非常关键！

"对于金本位制，美国人所持有的比较流行的看法是：金本位制是外国人，特别是可恶的英国人，尤其是英国的犹太人谋划的邪恶阴谋。19 世纪 90 年代有一幅典型的漫画，其标题是"英国章鱼：只吃黄金！"在这个标题下，是一幅世界地图。章鱼的触角从英国伸向世界各个大洲。第二个标题是《芝加哥每日新闻》报道：罗思柴尔德家族，拥有 16 亿美元的黄金。1891 年的前 6 个月，美国的黄金出口超过了此前 25 年美国的黄金输出总量。"（文献引用：张庭宾.美元兴衰·1895 年罗思柴尔德家族以 100 吨黄金征服美国.乌有之乡刊载：http://www.wyzxsx.com/Article/Class20/200908/98214.html）由此可见，美国民众对盘踞在英国伦敦城的罗思柴尔德家族的这种看法，并不是"空穴来风"，《谢尔曼白银法案（1890）》之后的 6 个月，金融资本从美国抽出"金币流动性"的规模达到了惊人的程度，这是 1893 年美国金融大崩溃的原因之一！这一抽出金银币的进程到了 1895 年的 1 月达到了疯狂的程度！大约每天要从美国抽走 200 万美元的等值金币，而美国政府的金银储备只能支撑 5~6 周（"J.S.摩根公司对此提出异议，声称只有让 J.P.摩根和罗思柴尔德在纽约的代表小奥古斯特·贝尔蒙共同处理这项美国事务，J.S.摩根公司才会参与此事"，参考文献：张庭宾.黄金保卫中国.北京：机械工业出版社.2009），美国政府在负债累累的情况下，到了"政府信用枯竭"的地步！一个不可能枯竭的"政府信用"，竟然"枯竭"了，奥秘就在于——"金本位骗局"。

在 J.P.摩根的"强烈要求"下，美国总统格罗弗·克利夫在"不得已的紧急情况下，做出了让步"。这个后来在美国国会激起轩然大波的"紧急协议"很简单，不过是美国政府发行 0.65 亿美元国债，罗思柴尔德家族认购，提供 99223330.85 克黄金（0.035 亿盎司、约 99 吨）这有什么问题吗？

对！这意味着美国丧失了货币发行权！

（三）"金本位骗局"能够胜利的历史原因与罗思柴尔德家族制造的连环金融战理论骗局——"赤字国债理论"的经典案例

1. "4 个混淆"

"国债"这个欧洲金融寡头发明的概念已经深入人心了。人们根本就不考虑一个问题：在依托国家信用发行货币符号的条件下，为何要向"债权人"，也就是"国家向私人举债"？这不是很奇怪吗？但这个问题没有人去想。

"金本位货币"、"赤字国债理论"、"独立央行体制"、"债务货币理论"这几个经典的金融战理论骗局是联系在一起的，一个目的在于把国家货币发行权秘密转移到私人手中。

"金本位骗局"固然可以让拥有大量黄金的罗思柴尔德家族主导美国的金本位货币的发行，但最终金本位又会限制银行家滥发私有信用的能力，因为银行家在开始特别强调黄金实物的承兑，可后期又必须逐渐用"黄金券"替代"黄金"，这个过程比较漫长和复杂，而且会有几个反复。最佳的方案是把"金本位"和"国家信用"混淆、把"国有货币"和"私有货币"混淆、把"国家机构"和"私人公司"混淆、把"政府官员的职务"和"银行家的身份"混淆，然后才能轻松自如地游离于一切游戏规则之上，实现对美国实体经济的广义拥有。

（1）第一个混淆

金融战骗局的第一步就是用"金本位理论"剥夺美国政府的货币发行权，用人们对黄金的接受，混淆政府信用货币与私有货币的原则界限。

（2）第二个混淆

美国政府丧失了发行国有信用货币的能力，向"国际债权人"发行"国债"，这个所谓的"国债"实质却是美国政府丧失部分货币发行权的标志，这就树立了一个"美国政府发行货币"，必须由认购国债的"国际债权人"，也就是罗思柴尔德家族"同意"，才能发行等值美元，而把一个不需要银行家同意的国家职能，交了出去；还把根本就没有发行成本的国家货币发行职能变成了有逐年利息的骗局——因为，2%利息，1000年以后，发行1美元的国债抵押利息就会高达几十亿美元，这个债务产生了1美元货币的同时，却制造了远远超过1美元的债务，美国政府又如何还得清呢？所以，赤字国债理论是这个金融战诡计中重要的一环，是把美元债务化，在美元推行债务货币体制必经的一个步骤。

（3）第三个混淆

1913年，美国建立了一个股份制"独立央行"，美国联邦储备银行和一个没有经过任何立法的机构"美国联邦国税局"（这个用来收取"美国个人所得税"，用以支付抵押国债利息，是一个没有经过任何立法的"机构"，从美国政府、美国国会、美国法院的国家角度来说，不存在任何授权与立法收取"美国个人所得税"，详见拙作《货币长城》），这就混淆了美国联邦机构与华尔街私有公司的原则界限。

（4）第四个混淆

美联储系统控制在纽约美联储的世袭股东手中，这些世袭股东确定"美联储主席"的人选，代表这些世袭的华尔街银行家族主导美国一切金融、货币、财政、经济事务，但却打着 "美国国会联邦储备委员会" 的旗号，用一个 "美国官员" 的身份，掩盖了华尔街银行家经理人的身份，混淆了二者的原则区别。前者服务于美国各阶层，后者服务于世袭金融僭主。

2. 1913 年美国顺利建立 "独立央行" 与金本位骗局的顺利实施

1895 年罗思柴尔德取得了对美国的货币控制权，华尔街就放松了金银流动性，美国经济开始好转。美国失业率从 1894 年的 18.4%，立刻降到了 1895 年的 11.7%，到了 1900 年恢复到了 5% 的水平。

如果不理解这 "4 个混淆"，就不会理解为什么罗思柴尔德家族处心积虑在美国鼓吹 "金本位"。1913 年 12 月 23 日，美国国会通过的《美联储法案》公开违犯了美国宪法，却在美国国会通过了。很多读者不理解这为什么会发生？奥妙就在于，金本位骗局让罗思柴尔德家族取得了对美国货币的控制权和发行权，建立一个 "独立央行"，不过是把这个既成事实 "制度化"、"法案化" 了。美国议员不是不想反对，而是 "无从反对"——你是否反对 "巩固了美国金融稳定的金本位体制" 呢？实际上，应该被巩固的是美国的国家信用，而不是金本位。

可在 "金本位" 已经深入人心的情况下，国家信用除了被罗思柴尔德家族秘密利用之外，也已经被饱受 "金融危机之苦" 的美国各阶层 "忘记了"、"排斥了"、"不再信任了"……可实际上离开了美国的政府信用，也就是美国人民的实体劳动与创造，1913 年建立的那个华尔街金融皮包公司——纽约美国联邦储备银行所发行的 "美联储券" 分文不值！这就是以罗思柴尔德家族为首的跨国垄断金融资本对美国各阶层的广义财富转移机制与对美国实体经济的广义拥有，这是一次金融战役，是不公正、违法和腐败的历史怪胎，催生它的土壤就是私有制必然经历的极度资本凝结。

一个家族世袭控制所有人，是私有制发展与成熟的必然结果，这一切不是偶然，而是私有制自身发展规律的必然结果。即便没有罗思柴尔德家族，也会有其他金融僭主家族，垄断资本怪物必须寄生在一个人类家族之上，赋予其无限的权力和财富，奴役他的同类和他的子孙。

五、"花旗" 的含义

"花旗银行" 是罗思柴尔德旗下摩根财团的资产，这里简要介绍一下 "花旗" 的含义，算作一个小趣闻。"花旗" 在新中国成立前一直是对美国的一个称谓，泛指美国的事物，这有点像那时 "加拿大银行" 叫做 "卡旦银行"一样，人们也把美国称为"花旗国"。原因很简单，就是那时人们对外国不熟悉，看见美国的国旗上有许多星星和条纹，颜色也挺好看，就称作"花旗"，故有"花旗国"之说。

不仅如此，在新中国成立之前，报纸把"美国蜜橘"，也叫做"花旗蜜橘"；美国产的"西洋参"，那时叫做"花旗参"。摩根财团拥有的美国银行，就被叫做"花旗银行"，是纽约美联储的世袭股东之一。

六、华尔街的指挥家的"梅花三弄"之"1873、1893、1907"

（一）华尔街"梅花三弄"的社会背景

1．"梅花三弄"

"梅花三弄"是中国古代音乐中的一种手法，指一个标志性的主旋律，如果在一支乐曲中出现 3 次，每次出现的背景都有所不同，这样就能达成不同的艺术效果，强化欣赏者对乐曲的记忆，从而实现作曲家的艺术表现。

1873 年、1893 年、1907 年，华尔街先后利用抽出流动性、股市卖空、制造社会危机来摧毁美国经济，策略基本一致、美国新兴资产阶级受到的打击同样具有毁灭性（直接导致了"工头化"和"泡沫化"两种结果）、对美国经济的打击力度一浪高过一浪。这样一个同样的"金融战主题音符"竟然反复出现，这种大规模破坏美国市场经济的违法行为，竟然得到了美国政府高层的"默契"，是有着深刻的社会根源和利益机制。

美国是一个仿照第一金融国家·古威尼斯共和国建立的"纯粹的金融国家"，跨国金融资本从一开始就控制了美国的政治、经济制高点。唯一能够与之对抗的美国军事新贵与新兴资产阶级在斗争经验、资本实力等方面，都无法和欧洲发展了上千年的垄断金融资本对垒，这让年轻的美国资产阶级轻易地掉入了金本位货币的泥潭，荒谬地丧失了发行政府信用货币的资本权力。

更深层次的问题是：他们与欧洲垄断金融资本有着千丝万缕的联系，有资金的联系，有家族的联系，这些影响了他们果断惩处违法银行家族的行动，直到美国建立了"赞助人体制下的多党选举制度"，政客集团从美国这两个本土利益集团中独立了出来，依附于能够提供最多"竞选赞助资金"的资本集团——很可惜，欧洲跨国垄断金融资本的金币要多得多。

图片说明：这是当时美国1907年"金融危机"时的一张带有政治色彩的漫画，刊登于1907年5月8日的美国"喜剧杂志"。美国的救星"西奥多·罗斯福"派出两只愤怒的黑熊，一只是"联邦商业犯罪调查机构"，一只是"联邦法院"，它们摧毁的是华尔街，四散奔逃的恶鬼形象是华尔街的银行家。这说明美国各阶层已经很清楚"金融危机"的实质了，当然这不过是一种耐人寻味的"幻想"，因为，"联邦政府"、"联邦法院"就是华尔街。在那个历史条件下，美国各阶层对此并不理解，依然无助地寄希望于金融僭主体制本身来"惩罚"金融僭主家族，以此实现"正义"与"公平"。

所以，华尔街的"梅花三弄"才得以实现，美国人民希望联邦法院法办华尔街，但只能是一种美好的愿望。

（二）华尔街的代理人——美国总统西奥多·罗斯福

1. 来自华尔街的罗斯福家族

罗斯福家族是美国一个非常重要的家族，对包括第二次世界大战以前的美国历史，乃至世界历史都起到了至关重要的"推动"作用，是美国政客集团从整体依附于美国军事新贵集团与美国新兴本土资本集团转向依附于盘踞在伦敦金融城的罗思柴尔德家族为代表的欧洲跨国垄断金融资本集团过程中的，第一批代表人物中的"佼佼者"。

美国总统西奥多·罗斯福（即"老罗斯福"，1858.10.27～1919.16）和美国总统富兰克林·罗斯福（即"小罗斯福"，"老罗斯福"的本家堂弟，1882.1.30～1945.4.12）本身就是华尔街的高级合伙人，在"老罗斯福"之前，这种现象并不多见，美国总统大多是军事新贵和财阀代言人，很少有华尔街银行家族直接出任总统，这算是一个美国政治文化中的"政治默契"，但华尔街制造的"梅花三弄"打破了这个限制金融资本发挥影响力的"美国政治教条",从而改变了美国的历史进程。

华尔街通过杂志丑化自己,把西奥多·罗斯福塑造成一个反对华尔街金融寡头的"爱国偶像",把这个华尔街银行代理人家族推到了美国政治舞台的最前沿。这一幕"自我丑化、树立偶像"的金融战闹剧在世界金融战役历史上不断上演,屡试不爽。

2. 西奥多·罗斯福的"好运气"——两个美国总统的"意外暴毙"

为了让西奥多·罗斯福上台,跨国金融资本花费了一番心思,不仅不惜丑化华尔街,努力把罗斯福家族描述成反对华尔街的"爱国偶像",还在1906年授予西奥多·罗斯福"诺贝尔和平奖"(看过《铁血骑士团——德国金融战役史》会对"诺贝尔奖"的来源有所了解,对此就不会感到惊讶了)。

但从"技术角度"来说,西奥多·罗斯福登上美国总统的宝座,却"完全是天意"。

(1)美国副总统加勒特·A·霍巴特(Garret Augustus Hobart,1844~1899)"暴毙"

1897年3月4日,他被选举为美国副总统,53岁的副总统。不久,华尔街的媒体就说他身体不好,开始吹捧"西奥多·罗斯福"的金融才干。他是个老牌的政客,立刻就闻到了一些味道,就和妻子詹尼·塔特尔·霍巴特一起回到了新泽西的住所,对外托病不出。可是,1899年11月21日,他突然"暴病"身亡,年仅55岁。他有"非死不可、死得其所"的原因:

①他可不是"有职无权"的那种"副"总统,夫人也非同一般!

美国副总统加勒特·A·霍巴特在威廉·麦金莱政府中的影响力特别大,被称作"总统助理",而不是"副总统",直接参与美国政务。由于总统威廉·麦金莱的妻子患有癫痫,美国副总统加勒特·A·霍巴特的妻子詹尼·塔特尔·霍巴特就一直作为美国"第一夫人",扮演着重要的角色。这就形成了一个滚珠一样坚韧、团结的政治小集团,依附于"利益",但不依附于某个银行家族,而要看如何才能让共和党内部的这个执政小集团的利益最大化。

美国副总统加勒特·A·霍巴特不死,就无法打击和控制这个执政集团,无论如何那时候华尔街银行家还无力直接出任美国总统。这是他必须死的第一个原因。

②西奥多·罗斯福硬性切入美国最高权力机构的"损失"

西奥多·罗斯福是华尔街的进出口商人世家，1880 年，罗斯福与华尔街银行家族的爱丽丝·李（Alice Hathaway Lee）联姻，正式成了华尔街的银行家。这样一个人物，一个人人痛恨华尔街的历史背景，一个华尔街银行家正制造威胁美国所有阶层的"金融危机"的时刻，他又如何能够切入美国政坛，并顺利戴上"王冠"呢？这简直是不可能完成的任务。华尔街要想让西奥多·罗斯福打乱美国政治传统，掌握美国最高权力机构，成为一个"非代理人的代理人"（也就是不用收买和谈判的"自己人"）的政府，就要努力完成这个不可能完成的任务，一定范围的政治代价是可以被接受的。

美国副总统加勒特·A·霍巴特给美国政客集团敲了一个警钟，但没有引起广泛的注意，西奥多·罗斯福在他突然"暴毙"之后，成了半路杀出的"美国副总统"（1900）。

（2）美国总统（1843.1.29～1901.9.14）的"遇刺"

美国总统威廉·麦金莱在华尔街的支持下，成功连任了总统。可他还是那颗坚硬如故的"政治滚珠"，需要用不断的"竞选资金"来润滑，华尔街主导他很难，这也是美国政客集团背离美国本土集团"独立"后的一个特殊的"超然的历史时期"的必然产物。他和共和党倾向于华尔街，接受各种"政治赞助"，但不把自己看成是银行家的附庸，而想做超然于各种资本势力的"香饽饽"，这是他的取死之道。

美国总统威廉·麦金莱并不是一个正直的政客，但却是一个典型的政客，他奉行扩张主义，野心勃勃，推行所谓的"门户开放主义"，对中国进行赤裸裸的侵略。他积极配合华尔街主动放弃美国信用货币，推行金本位货币，一直把美国的货币发行权"租"给盘踞在英国伦敦城的罗思柴尔德家族。他认为这种权力寻租与"选举赞助"是美国政治中的传统做法，并没有意识到华尔街寡头要建立的是能够主导美国一切事务、拥有美国一切财富的幕后世袭金融僭主体制，"租到"和"拥有"还是有很大区别的，这就是美国总统威廉·麦金莱遇刺的原因，因为他不过是一个过渡性人物，华尔街需要政客集团摆脱美国本土资本的"独立"，却坚决不能容忍与华尔街金融寡头分庭抗礼的"独立"。

1901 年 9 月 14 日，他被一个自称是"无政府主义者"的里昂·柯佐罗兹开枪射杀，终年 58 岁。这个里昂·柯佐罗兹也被认为是一个"精神病患者"，这可能是由于美国历史上的精神病患者的筹划能力、心理素质、枪法都很优秀，而且都偏爱选择美国总统做目标。这里只能说：从历史进程来看，美国总统威廉·麦金莱遇刺身亡后，副总统西奥多·罗斯福"如有天佑"，又奇迹般地当上了美国总统，开启了华尔街银行家直接管理美国的"新时代"。

（三）1873、1893、1907，连续的美国"金融危机"对世界经济的破坏

在后面要专门回顾美国的"金融危机"，这里简单提一下，便于给出罗思柴尔德家族主导美国货币发行权的历史背景和战役过程。从 1873 年开始，为了破坏美国政府信用，实施"金本位货币"替换"美国信用货币"的金融战役，夺取美国货币发行权。罗思柴尔德家族在美国华尔街的代理人摩根财团兴风作浪，制造了一个长达 40 年之久的"金融危机"。这个金融战役是夺取美元发行权战役的一个组成部分——"金本位战役"。

1."辉煌的胜利"

（1）华尔街摩根财团基本控制了美国的铁路、钢铁、农业信贷等实体工业，确立了以罗思柴尔德家族为首的"国际债权人集团"在美国经济生活中的主导地位。

（2）让美国各阶层丧失了对美国政府信用的基本信任。

（3）让"赤字国债理论"、"债务货币体制"、"金本位货币体制"在美国思想界、经济界、政界扎根发芽，为推行"独立央行骗局"打下了坚实的舆论和实践基础。

（4）由于"金融危机"导致的美国政府信用危机，成功地用"金本位货币"秘密替代的"美国政府信用货币"，将美国的货币实施了私有化。

（5）美国政府被"金本位货币"捆绑了手脚，不能对陷入全面流动性枯竭的美国经济注入政府信用流动性，通过对美国政府进行"金币借贷"，并与"认购美国国债"和"1∶1 美元发行"挂钩，罗思柴尔德家族拥有了美国的货币发行权。

（6）用夺取美国货币发行权的实践，破坏了美国宪法有关"货币发行权力归美国国会"的规定，颠覆了美国的基本大法，破坏了美国法律的严肃性，制造了一个华尔街凌驾于美国宪法之上的既成事实，这是在美国建立幕后世袭金融僭主体制中，不可缺少的一步。

（7）在美国建立了一个"美国民主共和党"体制，由"国际选举捐

助人"主导的选举秀体制，让美国偏离了资产阶级建国先驱们的民主理念，初步确立了华尔街对美国政治的全面影响力。

（8）通过"紧迫的金融危机"，改变了美国政治传统，让华尔街银行家通过"金融危机"直接成为美国总统，这就开了一个非常危险的先例，从此改变了美国的政治格局与权力生态，影响深远。

2. 这次史称"**长萧条（Long Depression）**"的美国"金融危机"对欧洲的负面影响

　　图片说明：这是美国在 1907 年 10 月"金融危机"中发生的一次华尔街骚乱，成千上万失业者、破产者、挤兑者慢慢聚集到华尔街，造成了严重的社会问题，"金融危机"已经变成了全面的"经济危机"，并向全面的"政治危机"蔓延，这就是金融战役的"后续效应"，也是华尔街对美国政府施压的一个有效策略。这里仅仅是记者远远拍摄的一张现场照片，背后却是无数人的血泪和愤怒以及银行家的狡诈与资本的血腥。

　　美国 1929 年开始的"金融危机"，史称"**大萧条**"，1873 年开始的"金融危机"史称"**长萧条**"，尤其到了 1907 年的时候，美国经济已经完全被金融资本控制了，社会一片恐慌。这种漫长、残酷、人为的"金融危机"，必然影响到和美国经济联系紧密的欧洲各国。有趣的是，这对于欧洲垄断金融资本竟是一个"搂草打兔子"的美事，那些陷入"金融危机"而破产的优质实体经济，被各大银行家族轻易地兼并了，整个资本主义社会进入了一个完全违背市场经济和自由竞争优胜劣汰机制的"资本规模兼并时期"，预示着金融主义历史阶段的到来。

这是美国学者保罗·肯尼迪根据当时欧洲一些国家国民生产总值制作的一个统计表格，可以粗略反映出华尔街制造的"长萧条"对欧洲经济的破坏，它不仅是"高效的"资本兼并，也是下一场金融热战——第一次世界大战的历史背景。从中我们可以看出跨国金融资本的形成及其对人类文明的破坏。

1830～1890 年部分欧洲国家经济增长（单位：亿美元）

年份	俄国	法国	英国	德国	意大利
1830	105	85	82	72	55
1840	112	103	104	83	59
1850	127	118	125	103	66
1860	144	133	160	127	74
1870	229	168	196	166	82
1880	232	173	235	199	87
1890	211	197	294	265	94

表格说明：（1）参考文献：保罗·肯尼迪，陈景彪等译.大国的兴衰.北京：国际文化出版公司.2006;（2）该表根据本书统一排版规范和需要进行了调整（数字单位从"10亿美元"调整为"亿美元"）和删减（取消了一些国家）;（3）保罗·肯尼迪先生的这个表格根据 1960 年美国不变价格进行了换算，实际换算公式不详。

通过这个表格可以清晰地看出一个问题，整个 19 世纪欧美连续不断的"金融危机"，在排除虚拟经济的"水分"后，实体经济的增长非常缓慢，并没有那种所谓的"工业革命大飞跃"，原因就在于**"金币流动性紧缩型金融危机"**的束缚，这是银行家在欧洲古代使用了上千年的金融战策略，直到建立"独立央行体系"为止，才被**"信用泡沫比例财富转移金融战策略"**（提高被财富转移主体的虚拟数字收入，但通过增加信用供给总量，减少其所占信用比例的方法，不引人察觉地实施财富转移，制造战役目标的贫困化与"满意度"同时增加的"无反弹财富转移效应"）取而代之，用虚拟经济制造的虚拟繁荣，替代了虚拟经济制造的真实衰退。

第三章

顺水推舟的时刻——
《美联储法案》通过了

一、新的危机、新的目标

（一）华尔街为什么要制造股市崩盘

华尔街制造的 1873 年开始的"金融危机"，一直到 1913 年才停止，史称"**长萧条**"，在整个美国金融战役历史上，是唯一一次持续了 40 年的金融战役。

在整个战役过程中，"金币流动性短缺"和"股市做空"是华尔街的两大利器，但使用侧重有很大的不同。1907 年以前，主要是依靠抽出"金币流动性"制造美国实体经济由于缺乏货币符号而陷入窒息，进入一种假死状态。

假破产，又称"实体经济假死"

解释性经典案例："假破产"的状态，是金融战役学中的一种经典战术，在"苏联金融战役"的应用中达到了高峰。20 世纪 90 年代，整个苏联庞大、先进、完整的工业化体系（苏联 20 世纪 80 年代生产的大型客机系列，今天除了美国没有任何一个国家可以独立生产、自成体系，这是 30 多年以前的苏联民用工业发展水平与今天的各国工业发展水平相比，实力由此可见一斑！），被贬低为"必然要融化的冰块"，然后制造"金融危机"诱骗苏联政府对国有企业盲目增加税收，制造了苏联国有企业资不抵债、负债累累的假象，而"跨国寡头企业"普遍偷税漏税或拥有合法的税收减免，没几年就把苏联的实体经济逼入了"假破产"的状态，华尔街廉价地拥有了苏联的大多数实体经济。后来俄罗斯的大多数矿山、油井、重工业集团都成了外国寡头家族的私产，俄罗斯实体经济一落千丈，即便不考虑美元相对于土地、黄金、石油、原材料几十倍的同期贬值，至今还没有恢复到1980年时苏联实体经济的美元统计规模。整个苏联实体经济被"假破产"战术，抢劫一空，出现了全面的"非工业化进程"，俄罗斯的国家经济倒退回了最落后、最原始的"原材料、初级材料供给国"，俄罗斯大地上的"工业体系"不属于俄罗斯，而属于外国寡头企业（由一些外国国籍的俄罗斯代理人出面，仅仅是长相是俄罗斯人罢了），至今无法摆脱俄罗斯著名的"寡头经济现象"。

图片说明：美国"金融危机（1907）"就是从图中的华尔街股票大厅开始蔓延的，直接、公开由银行家出面发动对美国金融、经济的全面打击，让1907年成了美国金融战役史的一个分水岭。此后，华尔街几乎没有了任何顾忌，目的在于资本兼并，"金融危机"在美国愈演愈烈，平均20年爆发一次，对美国经济，乃至世界经济都造成了巨大的破坏，也让寡头金融资本得以迅速地凝结，实力迅速增强。最近的一次华尔街银行家集团直接、公开出面制造的"美国金融危机"就是著名的"次贷危机（2007）"。这是一张1908年美国股市大跌一天后的新闻照片，满地狼藉，投资者呆呆地站在那里，不知所措，久久不愿离去。

1907 年以前，华尔街也先后制造了"标志性的股市恐慌"，但炒作居多，对投资者的心理影响比对美国经济的影响更大。1907年的"金融危机"，不仅仅是"从华尔街股市发生"，而是"直接从股市爆炸"！这种现象的背后，反映了美国经济生活中，各种资本实力的此消彼长，整体来说，经过19世纪的一连串金融战打击，美国经济生活出现了一系列复杂和有趣的变化：

1. 美国华尔街主导的虚拟经济，已经凌驾于美国实体经济之上。

2. 美国华尔街为首的金融资本，已经凌驾于美国新兴本土资本之上。

3. 摩根财团为首的跨国垄断金融资本，已经主导了华尔街。

4. 美国经济增长的主力军，已经从实体经济转移到了虚拟经济（这不是说美国实体经济停止增长，而是"增长内容"中"虚拟增长"的比例越来越大），铺平了进入金融主义历史阶段的道路。

5. 美国虚拟经济已经发展到了可以仅仅通过虚拟经济的"买空卖空"就可以深刻影响实体经济运行的程度，这是美国现代虚拟经济趋于成熟的标志。

（二）"马前卒"、"总经理"与"幕后老板"

1907年的美国"金融危机"，目的在于制造一个"美国缺乏独立央行"用来管理美国金融事务的舆论背景与政治压力，以便为1913年建立"独立央行体制"铺平道路。罗思柴尔德家族是如何完美地操纵了这一切，不需要演绎，只要捋清历史脉络即可。

1. "马前卒"

从直接"责任人"来说，是华尔街银行家查尔斯·摩尔（Charles W. Morse，1856～1933）和搞铜矿投机的大银行家奥古斯塔斯·黑兹（F. Augustus Heinze，1869～1914）。他们被称做"声名狼藉的华尔街银行家"。但是他们不过是"马前卒"。他们用一笔来源不明的巨额资金，炒作奥古斯塔斯·黑兹"联合铜业公司"的股票。

先后有十几家华尔街银行秘密或半公开地提供资金，推高股票（很快就股价翻番，每股到了60美元）。他们在1907年10月14日突然疯狂地购入股票，使之达到60美元的巅峰，投资者一片欢欣鼓舞。谁也没有想到，1907年10月17日奥古斯塔斯·黑兹宣布自己的"美国国家商业银行"破产，然后潇洒地"辞职"了（这等于宣布他自己破产了）！

这个空前响亮的"金融惊雷"，把投资者都惊呆了！所有与他有关的华尔街银行都受到了沉重的信誉打击，纷纷陷入"流动性枯竭"。"美国铜矿公司"的股票应声崩盘，每股跌到10美元以下（不是"还值10美元"，而是这只股票没人买，"停盘"了）。不仅如此，华尔街如同得到"看不见的手"下的圣谕一样，开始统一抛售股票，美国股市全面崩盘，纽约证交所实际上"关门"了。

奥古斯塔斯·黑兹这个人少年得志，依附华尔街金融寡头呼风唤雨，买空卖空，是摩根财团的金融打手，先后恶意兼并了十几家华尔街中小金融机构，成了一个春风得意的银行家。不过，他最喜爱别人称他"铜王"，也许"王"这个词汇让他隐约找到了登上巅峰的感觉，可以让他看着那些哭泣的投资者，才能够更加满足。后人没有证据说明他蓄意发动了 1907 年"美国金融危机"，但他 1907 年 10 月的表演有如下"历史疑点"：

（1）1907 年 10 月 14 日（请注意：这是星期一），按理说这是他宣布总破产前 4 天，应该已经陷入了沉重的财政危机，哪里会有那么充裕的资金，将旗下铜业公司股票 1 天内炒到了 60 美元的高度（那时，1.25 美元能买 6 亩地）。这笔巨额的神秘资金肯定不是他的，但又是谁的呢？

图片说明：1907 年美国股市崩溃的始作俑者，奥古斯塔斯·黑兹（F.Augustus Heinze，1869~1914）的照片。

（2）1907 年 10 月 17 日，奥古斯塔斯·黑兹宣布自己的银行（实际上等于宣告了他家族的一切产业和合作伙伴的产业的总破产），蓄意破坏了自己的信誉，并潇洒地辞职了。这种故意摧毁自己一切财富和希望的"不可思议的做法"，却发生在他具有用自己的铜业公司股票从证券市场募集到巨额资本的时候。这就反映了一个深刻的问题：他炒作股票的目的，不是募集资金，因为他连尝试一下"股市坐庄获利"（就是炒作某只股票，主导这只股票大部分股权之后，高点抛出获利的做法）的"姿态"都没有做。即便这样做"不道德"，甚至可能会有"内部交易的违法嫌疑"，但一个华尔街投机者竟然如此老实，轻易地投入巨额资金后（1907 年 10 月 14 日投入的巨额炒作资金就"打水漂"了，这极不合情理！），宣布自己破产。这不奇怪吗？

（3）奥古斯塔斯·黑兹 1907 年 10 月 17 日潇洒地摧毁了自己、家族、伙伴、投资者的一切，然后主动承担了一切"罪名"。很显然，他认为这样做"值得"。但是，他很快了解了一个"新闻"，他的公司、银行被摩根财团廉价拿走了，还博得了一个挽救股市的好名声。年仅 37 岁的奥古斯塔斯·黑兹一夜头发全白了！他从此沉默不语，很少说话。1909 年的确被美国法院"无罪释放"。但是，他失去了一切。他的家族基本被他搞垮了，原本是他合伙人的兄弟终生不与他往来；他的娇妻早就另投新欢了；他的事业和名声全部毁了；他除了债务一分钱没有了！

1914 年 11 月 4 日，正值壮年的奥古斯塔斯·黑兹突然大口吐血暴毙，年仅 44 岁。虽然医生认为他是死于"肝硬化引起的胃出血"，但这更像是急性中毒，可惜真相已经湮没在历史的迷雾中，永远也无法知晓了。随着奥古斯塔斯·黑兹的"吐血暴毙"，有关 1907 年 10 月 14 日的巨额炒作资金的来源，就成了一个永久的历史谜案。

图片说明：华尔街银行家查尔斯·摩尔（1956～1933），图前中间穿大衣戴礼帽的年长者（左右是他的助理或保镖，左后的两个默默跟随的穿风衣戴鸭舌帽者，应该是保镖）。他后期特别注意自我保护（还向美国政府申请过人身保护，美国联邦法院批准了，原因就是他认为人身安全受到威胁，具体来自何方不详），身边总有保镖，但还是突然间就不明原因地"全身麻痹"，但不是心血管疾病。他第二任妻子克莱门丝·摩尔那年（1926）也突然"暴毙"。这个照片是 1915 年前后的留影，可知华尔街老牌银行家查尔斯·摩尔比"铜王"奥古斯塔斯·黑兹这个新入行的"金融新贵"要老到得多。

另一个主角银行家查尔斯·摩尔比他强得多，但一直起伏跌宕，最后由于不明的原因，1926 年开始全身麻痹逐渐丧失了生活自理能力，美国法院认为他没有入狱的可能。1933 年 1 月 12 日，可能是由于不会吞咽而导致气管进了异物或感冒，叱咤风云的查尔斯·摩尔死于"肺炎"。

2."总经理"

1907 年的"大救星"是华尔街犹太金融巨子 J.P.摩根，这是一个颇为讽刺的自我标榜。1907 年席卷美国的"金融风暴"又岂是一个小小的铜矿投机商能够做到的？如果没有一个炒作美国经济、股市的巨额资金链制造的"虚高的基本面"，美国股市不会突然暴跌。这一切与摩根财团又有什么关系呢？

（1）战略层面

1906 年，有 1.65 亿美元的黄金涌入美国，这和 1891 年巨额黄金流出美国形成了鲜明对比。后者是为了制造美国的"金币流动性短缺型金融危机"，前者则制造了一个"股市暴跌前的投机资金过剩的基本面"。这么大手笔的黄金，除了华尔街的摩根财团，谁也拿不出。这如同 1907 年美国股市的暴跌，谁也无法驯服，摩根财团资金一经介入，立刻"风平浪静"，是一个道理。

大量的金币流入美国，导致饱受流动性匮乏之苦的美国经济，如久旱逢甘霖，工业之树立刻开始迅速成长。1906 年美国经济增长一反"长萧条"期间的委靡不振，达到了令人炫目的 7.3%（对照前面 19 世纪欧洲经济增长的表格就会发现，那时欧洲的英国、法国、德国、俄国和意大利 10 年的累积增长都达不到这个水平，就知道这种增长在那个历史阶段，是"不可思议的增长"）。1906 年美国工业投资高达 21.8%，1906 年的 365 天内，美国工业资本规模暴涨了 50 亿美元！[参考文献：（美）罗伯特·布鲁纳，西恩·卡尔著，董云峰译. 完美风暴·1907 大恐慌和金融危机的根源.北京：中信出版社.2009]这不能用今天的美元来衡量，1907 年美国政府预算才 5 亿美元，2009 年美国政府预算接近 5 万亿美元，仅政府赤字就 1 万亿美元，是 1907 年全部预算的 2000 倍！1906 年"凭空出现的 50 亿美元资本"，不可能来自美国实体经济，只能是"国际债权人"集团释放的"金本位信用票据"（也就是欧洲银行转过来的"支票金币"）。举一个例子说明一下这笔突然冒出的"工业资本"多么不可思议：美国陆地面积为 915.896 万平方千米，折合 137.3844 亿亩，按照当时美国土地价格，折合 34.3461 亿美元。

如此规模的"虚拟金币流动性"（因为没有相应的金币流入美国，仅仅是银行家开出的"金本位货币支票"）才是 1907 年美国股市达到巅峰的原因，只要"开出这些支票"的银行家撤出股市，美国虚拟经济就必然崩盘，"虚拟增长的本来面目"就显现出来了。"铜王"的崩溃不过是一枚金融战役的"信号弹"。

（2）战术层面

①1907年10月17日，"铜王"奥古斯塔斯·黑兹莫名其妙地宣布自己"完蛋"，1907年10月23日，J.P.摩根发出号令，让华尔街银行家开始向卷入其中的美国信用公司（the Trust Company of America）注入"资金流动性"，阻止了华尔街的连锁崩溃，兼并了金融资本。

②1907年10月24日，美国财政部部长乔治·卡特优（George Cortelyou，1862～1940）在美国纽约银行（公平地把抵押品放在了"无关的第三方"那里）存入美国国债抵押后，J.P.摩根号召华尔街的银行家们向美国股市注入0.24亿美元资金，纽约证交所可能被迫关门的尴尬局面暂时摆脱了。

③1907年10月27日，美国纽约银行紧急找到J.P.摩根，宣布了破产：如果3天内无法筹集0.3亿美元，美国纽约银行即将破产。1907年10月29日，J.P.摩根购买了美国纽约银行0.3亿美元的股权，拥有了这个"无关的第三方"，也成了控制美国财政部信用的"最大债权人"（美国纽约银行当然就没有宣布破产，这就是2007年人们常听见的"美联储向某某银行注入流动性资金使其避免破产"的小秘密——所有权转移了，资本兼并达成了）。

④1907年10月底，J.P.摩根一举拥有承购了所有"铜王"奥古斯塔斯·黑兹产业的"废纸股票"（其中还包括十几家华尔街金融机构），几乎一分不花地拥有了这个总资产上亿美元的金融矿业联合体，还得到了一个"维护金融稳定的好名声"（37岁的奥古斯塔斯·黑兹，听说之后，当夜头发全白了——因为他知道：上当了）。

⑤这里稍微说一下"长萧条"对摩根财团控制美国实体经济的好处：1901年2月5日J.P.摩根强行兼并（用10亿美元恶意收购）了美国钢铁巨子安德鲁·卡耐基的全部产业，又联合了犹太银行家洛克菲勒，控制了美国65%的钢铁产能，并通过卡特尔（J.P.摩根称为"利益共同体"）的形式，控制了美国的重工业，还建立了一个服务于罗思柴尔德家族的跨国商业情报组织，作用有点像古代的"国子监"，培训大西洋两岸的政要，招募"家臣"、搜集情报。J.P.摩根建立了"美国电话电报公司、国际收割机公司、美国烟草公司、国家点心公司（即纳贝斯克），帮助爱迪生进行合并和收购，

他还承销了爱迪生通用电气公司首次公开上市的股票"，并且 J.P.摩根的权力已经"超越了一切"，西奥多·罗斯福只不过是他眼中的一个走卒，他曾经说："如果我们有什么地方做得不对，让你的人（司法部长）来找我的人（摩根的某位律师），他们会把问题解决的。"他被华尔街称作主宰之神"朱庇特"绝非儿戏！[参考文献：（美）罗伯特·布鲁纳，西恩·卡尔著，董云峰译. 完美风暴·1907 大恐慌和金融危机的根源.北京：中信出版社.2009]。并且此时华尔街基本控制在摩根家族手中，整个美国铁路公司先后在"破产危机"中，被 J.P.摩根"注入流动性"而免于破产（所有权就秘密转移到了摩根财团手中）。所有这一切，还不包括摩根财团 1913 年通过控股纽约美联储，主导了美国联邦储备系统，也就是成了美元的发行者，美元（此后美元实际叫做"美联储券"）世界的神。

3."幕后老板"

这一点，因为在"英国卷"中写得很详细了，而且后面还有所涉及，这里只提一点：罗思柴尔德家族，作为一个盘踞在英国伦敦城的犹太银行家，通过华尔街的代理人摩根财团,制造了长达 40 年之久的"**美国长萧条**"，成功地取得了美国政府"国际债权人"的地位，不仅是美国政府的"债权人"，更重要的是从此离开了罗思柴尔德家族的首肯，美国政府竟然无法发行货币。这个看似巧妙的金融战策略，给美国各阶层带来了深重的灾难：

（1）连续 40 年的"金融危机"，让无数个美国新兴资产阶级丧失了苦苦经营得来的工厂、企业、矿山，这是赤裸裸的抢劫，市场经济所倡导的信用、公正、秩序荡然无存。

（2）金融战役从来就是"人事"与"金融"两个基石，所谓的"人事"就是腐蚀、渗透、收买、安插、操纵、联姻、主导、铲除、诱骗、胁迫、误导、裹挟、雇佣、资助这 14 条，所谓的"金融"就是垄断、操纵、破坏、颠覆、制定、夹带、债务、虚拟、暴力、战争、刑狱、诉讼、暗杀、宣传、银根这 15 条，可简单记述为"**1415 原则**"。所有这些都针对美国政府官员、美国学术名人，毒害人们的心灵，摧毁美国资产阶级建国先驱的理念，在散发着腐烂气味的金钱泥潭上，建立一个虚拟经济的僭主帝国。这样就摧毁了美国、摧毁了公正，也摧毁了私有制和资本主义社会得以繁荣发展的基石（私有财产都得不到起码的保证，资本兼并在极端的状态，社会就走向异化了）。

从金融战役的角度来看，以盘踞在英国伦敦金融城的罗思柴尔德家族为代表的"国际债权人"集团蓄意制造的"美国长萧条"的目的不再是取得一些"战争红利",而是目标直指美国货币发行权与美国的最高权力。

二、金融战役的醉人果实——"一个美联储券主导的新世界"

(一) 舆论准备

1907年美国的"金融危机",一直持续了好几年,直到1913年建立独立央行体制为止(后面说"独立央行"的"神奇骗局")。在1906～1913年这7年间,华尔街寡头拥有的家族媒体功不可没,欧洲金融资本苦心经营了几百年的"学术体系"起到了关键的作用(请参看"威尼斯卷")。欧美的大学和媒体具有家族私产性质、金融性质、商业情报网性质,这有深刻的历史根源,是金融僭主体制孕育的怪胎。记者、教授不替拥有媒体和大学的"银行家族"说话,就无法立足(这就是金融僭主体制对欧美社会民主、学术自由的损害)。

1906年华尔街金融寡头疯狂地向美国经济注入"流动性洪水"的同时,也在寻找"炸毁美国人心理大坝"的最佳时机。自古人心最乱的时候就是天灾之际,本来天灾年年有,不可怕,却应了那句俗语"不怕没好事,就怕没好人"。

1906年4月18日凌晨5点12分,许多美国人还在梦乡之中。美国西海岸的旧金山市地动山摇,瞬间房倒屋塌!这场大地震发生之时,美国统计手段还不完善,但后来仅遇难者遗体就找到了3000多具(失踪的,没有挖出来的还不算),大量房屋倒塌,赤身裸体跑到大街上的居民,看着一片废墟和冲天的大火(由于当时木制建筑比较多,引发了大量的火灾,很多新闻照片给人一种战争废墟的感觉,是美国历史上很著名的一次大地震,震级超过7.8级,有统计说高达8.25级,并且震中离城市中心不到3千米,地震波及半径近500千米),都不会哭了。

这次地震,美国政府的后援和统计很混乱,这加重了天灾向社会危机的转变。举一个例子,当时的美国政府没有遇到过这种情况,完全出乎意料。所谓的"地震救援中心"也仅仅是一个"牌子"没有能够及时组织机动救援力量。美国政府对媒体宣称遇难人数为376人,实际被认领的遇难者遗体才189具。因为遗体面目全非,美国政府没有及时组织挖掘救援,大多是"自救",这种"统计公报"的数字来自好多居民自己挖出的一些无人认领的遗体。是否真正有过"统计"都很难说，因为学者后来统计最少挖出了 3000 具遗体（因为是凌晨，伤亡很大，受伤人数说法差距就更大了）。

　　这个事件的人员、财产损失，不能说是美国政府救灾不力造成的，但天灾之后，常常谣言四起，人们开始怀疑一切，但又需要宗教来慰藉伤痛的心灵（本书不涉及宗教，这里一个简单对比，特指当时的历史时期，不涉及今天和其后演变）。

美国总统	任期	教派归属	教派特征
西奥多·罗斯福	1901～1909	归正会	归正会属于新教的一个派别，否认给教会捐款、行善就可以自我得到"救赎"，还是要依靠"神"的宽恕。
威廉·霍华德·塔夫脱	1909～1913	唯一神教派	不承认"三位一体"，"圣父、圣子、圣灵"之说，强调崇拜"唯一真神"，实际弱化，甚至否定了教会和基督的意义。
伍德罗·威尔逊	1913～1921	长老会	基督教长老会属于新教，是早期苏格兰银行家族支持的一个教派，美国公理会教派很流行。但长老会对美国影响很大，受到华尔街的支持。

　　从这个提供给美国选民的"选择"来看，从美国选民的"选择结果"来看，这 3 个总统都属于新教派别，1909 年上台的威廉·霍华德·塔夫脱的教派比较特殊，不是单纯的"新教"（基督教自己也是有教会系统的，虽然没有天主教严密，并不否认基督教神职人员的宗教意义）。这里有一个不引人察觉的"小秘密"：很难界定"真正的唯一神教派"和"现代共济会"的区别，二者是有原则区别的，但"唯一真神"这个说法，到底指谁，只有信仰者自己知道，早期现代共济会成员都自称"唯一神教派"（但到底是天主教的"圣父"，还是"光照者路西法"，外人不得而知）。这个看似很"小"的变化，反映了当时美国社会对传统、对政府的不信任，一种颠覆性的变革大气候已经逐渐形成了，这种宗教派别在大选中的此消彼长，在宗教文化氛围浓厚的美国，具有深刻的含义。

　　美国人民在工业革命的历史时期，要求变革很正常，但华尔街误导了这种变革，把美国的一切问题归结为一个简单的"答案"——美国政府效率低下是政府私有化程度不够，美国人民饱受金融危机之苦是因为缺少一个专门用来稳定国民经济的"独立央行系统"。无论如何不能小看这种被扭曲的变革冲动，否则，1913 年 3 月 4 日，具有跨国银团背景的"学者型政客"伍德罗·威尔逊就不会上台，1913 年 12 月 23 日就不会通过违反美国宪法的《美联储法案》。

图片说明：1906 年旧金山大地震时，阿诺德·盖斯逃难时仓促拍摄的照片"地震与火灾"，可以看到人们就呆呆地聚在那里，束手无策（这个时候还在不停的余震中）。还有一张旧金山废墟全景照片，一片废墟，烟尘滚滚，但限于篇幅没有采用，但旧金山基本被摧毁了，现在的旧金山是重建的城市。

（二）"3个棋子"

1913 年美联储法案通过前，华尔街积极介入美国大选，扶植了 3 个总统，在美元金融战役中起到了不同而又一脉相承的作用：

1. 伏子

美国总统西奥多·罗斯福（1901.9.14～1909.3.4）在美元金融战役中的作用，是安插银行家到美国最高层，铺垫人事关系与法律基础。

2. 逆反

美国总统威廉·霍华德·塔夫脱（1909.3.4～1913.3.4）的作用是逆向操作，故意引发"天怒人怨"，让美国各界对其空前不满，制造对美国政府能力的不信任，催生美国社会的"变革暗流"，弱化美国新兴资产阶级与军事门阀的反弹。

3．推舟

美国总统伍德罗·威尔逊（1913.3.4～1921.3.4）是一个"顺水推舟"式的人物，他实际上是华尔街豢养的金融战专家，一个披着学术外衣的叛国者。他去世前也承认自己"无意之间摧毁了美国（铸成大错）"，但这不能掩盖他秘密联手盘踞在英国（对美国来说是英国是"外国"呀）伦敦金融城的以罗思柴尔德家族为首的"国际债权人集团"的历史事实。《美联储法案》违反美国宪法，《美国宪法》第1章第8节："国会拥有货币的制造和价值规定的权力。"将美国货币发行权非法交给了华尔街银行家族，由他们的家族世袭。也就是说，《美联储法案（1913）》是违反美国宪法的无效法案，这是蓄意违反美国宪法和叛国（详见拙作《货币长城》，您会发现《美联储法案》如何一步一步地违反了美国的宪法，以及"债务货币体制"的抵押利息问题）。

（三）战役规划

1．哲基尔岛的密谋

（1）秘密列车上的银行家名单

"美国的统一基准利率是在哲基尔岛商定。"——保罗·沃伯格（后来的美联储主席、纽约美联储世袭股东、罗思柴尔德家族的银行代理人之一，详情请见《铁血骑士团——德国金融战役史》）

金融僭主制度的危害之一就在于，私人家族控制了公共权力，并形成了世袭。哲基尔岛俱乐部现在看起来很普通，而且这个地方很偏僻，这可以说是它唯一的特色。20世纪初的美国，这里交通很不方便，摩根财团甚至修了一条专门到达的私人专用铁路，才能组织秘密聚会，否则召集一次会议都很困难。本来开会可以在华尔街，银行家在宽阔的大厦里发动了一次又一次针对美国的金融战役，为什么要跑到一个偏僻的哲基尔岛开会呢？这里必须严肃地说明一点：这段历史记录，是美联储史的开山鼻祖、美国著名学者、历史学家莫林先生等人用毕生精力和时间，用严肃的历史文献还原的历史记录，既不是"阴谋论"，也不是笔者随笔写出。笔者是满怀着崇敬之情，根据《美联储的秘密》中无比宝贵、"代价高昂"的历史学术文献，尽量还原一下那个惊心动魄的历史片断。

1910年11月22日的夜晚，一群新闻记者精疲力竭地集聚在哈瓦肯（美国新泽西州的一个地名）火车站，希望能够遇到那些据传身负秘密使命去参加秘密会议的华尔街金融巨头。这种秘密使命早在他们知道之前的许多个年头就已经存在了，但是他们不可能知道美国历史经过这次秘密会议后将发生何等巨变！

这些银行家其实已经秘密出发了，车厢是密封的，灯光丝毫也没有外泄，牵引车头也没有按照规定打开车灯，缓缓地融入了深深的夜色之中。这个秘密的团队中领头的是美国参议员尼尔森·奥利奇（Nelson Aldrich），他时任美国国家金融委员会主席。这个所谓的"美国金融委员会"是前面所说的那个"奇迹般上台"的美国总统西奥多·罗斯福在1908年提议，并签署法案建立的"组织"（这与"美国联邦储备委员会"的性质一样，名义上是美国国会的一个咨询委员会，实际上是一个华尔街管理美国财政的私有机构，一个寡头的"传声筒"）。令人深思的是，这个所谓的"委员会"是灾难性的1907年"金融危机"之后，由"公众呼吁"而成立，是用于"稳定美国金融秩序"的，但却牢牢控制在华尔街银行家手中，正是这些银行家蓄意制造了1907年的"股市崩盘"（即前面回顾的"铜王破产事件"）。

这个"美国金融委员会"是如何"稳定美国金融"的呢？说来很简单，这是一个"美国独立央行系统筹备委员会"。参议员尼尔森·奥利奇（尼尔森·洛克菲勒的外祖父）1908年上任后，就跑到欧洲去"考察"独立央行系统。赏读过世界金融战役史前面几本的读者，一定还记得欧洲的法国、德国、英国、瑞士都已经建立了"独立央行制度"，罗思柴尔德家族已经逐渐取得了主导权。这种所谓的"考察"和"欧洲先进制度的引进"不过是一场表演给美国人民看的金融战闹剧，但却花费不菲。参议员尼尔森·奥利奇在欧洲旅游了2年，花费了30万美元（1.25美元能买6亩地），却连个报告都懒得写。没有任何媒体和监察机构指责他的行为，这还不是他"所得到的全部"，但这的确是他出卖美国核心利益和参议员职业操守的部分价码。

1910年11月22日那个黑暗的夜晚，跟随他的私人秘书叫皮亚特·安德鲁（Piatt Andrew），是美国财政部助理（由此就可知金融僭主体制对美国政治体系的破坏与操纵，财政部听命于"国际债权人"，而不是服从美国国家利益），一个实力派人物。参议员还有一个"专业私人助理"——弗兰克·万德利普（Frank Vanderlip），不仅是"美国金融委员会"的成员，还是"纽约国家城市银行"的总裁（罗思柴尔德家族的业务经理人，打理摩根财团麾下的财产，《雾锁伦敦城——英国金融战役史》中有详解）。实际上这个"参议员"什么都不干，什么都不懂，这个"美国金融委员会"

是摩根财团在运作,这就不难理解为什么纽约美联储最后由摩根家族控股。

这段时间 J.P.摩根身体不好(但他的脑子和"手"都没闲着,还干了好多"惊天大事",秘密铲除了很多竞争者,后面要专门提及),他的密友、高级业务合伙人和私人使者是亨利·戴维森(Henry.P.Davison)。

查尔斯·诺顿(Charles.D. Norton),纽约第一国家银行(First National Bank of New York)总裁,这家银行也是摩根财团控股。让他出来,原因可能在于增加"虚假的代表性",减少华尔街和公众对摩根家族的"顾虑"。

还有一个神秘人物在这辆不开灯的私人列车即将离开车站的时候,偷偷上车,他就是本杰明·斯特朗(Benjamin Strong)。这个历史细节说明 J.P.摩根在极力掩饰摩根财团与这次秘密会议的关系。这次会议就同摩根家族的"家族会议"一样,但当时美国公众不知道那些人与摩根家族的关系,却大都知道本杰明·斯特朗是 J.P.摩根的"副官"。所以这样一个人物反倒要更加秘密地"独自偷偷上车",避免让人知道摩根家族"参加了会议"。

德国档案记录的有关"法本公司"1943 年"产品"占"德国"(此处指"纳粹德国")当年军工产品的比例与产量:

产品名称	"德国"("纳粹德国")总产量(吨)	法本公司产量所占百分比(%)
合成橡胶	118600	100
甲醇	251000	100
润滑油	60000	100
染料	31670	98
毒气	——	95
镍	2000	95
塑料	57000	90
镁	27400	88
炸药	221000	84
火药(枪弹用)	210000	70
高锌烷汽油	650000	46
硫酸	707000	35

表格来源:"〔美〕安东尼·C·萨顿著.希特勒的崛起和华尔街.美国:G S G & Associates Pub.1976",24 页"表格 2-1(原书编号)"。

最后一个重要人物，也就是发迹于法兰克福的罗思柴尔德家族传统的银行经理家族成员保罗·沃伯格（Paul Warburg），他是沃伯格家族的老二。有关这个犹太银行家族对两次世界大战的影响，超出了任何戏剧家的想象力（有关细节，请参看《铁血骑士团——德国金融战役史》）。他的大哥马克斯·沃伯格（Max Warburg）在第一次世界大战时期是德国的秘密警察的首脑，第二次世界大战时期是纳粹德国全国军火卡特尔"法本公司"的负责人，从上页的表格可以看出正是罗思柴尔德家族麾下的美联储主席保罗·沃伯格家族在幕后支持着纳粹德国的战争机器（在两次世界大战中，美国和德国都是处于战争状态的"敌对国"，金融战役之肮脏可见一斑）。

1910 年 11 月 22 日那个夜晚，这辆估计违反了美国交通法规的列车，不开车灯、不鸣笛、不泄漏车厢灯光、不通知铁路沿线，秘密地将上述人员送到了 J.P.摩根的私人狩猎场——哲基尔岛俱乐部。

（2）后来鼎鼎大名的《财富（福布斯）》杂志创始人查尔斯·福布斯（Charles Forbes）的记录。

这次秘密会议，由那时还是一个名不见经传的华尔街财经记者查尔斯·福布斯[麦克姆·福布斯（Malcom Forbes）的父亲]记录了下来，他是华尔街金融资本选中并扶植的一个喉舌，所以他有幸见证了有关这次密会的一些历史：

"那是怎样的场面呀，纽约最伟大的银行家们在深夜偷偷地跑出纽约，乘坐着遮盖得严严实实的私人火车。忍受着黑暗，焦急地偷偷往南跑上几百英里。下火车后偷偷地上了汽艇，鬼鬼祟祟地跑到那个荒无人烟、几乎没有什么建筑，只有几个仆人的小岛。然后神神秘秘地住了一个星期。这种保密到了极端的程度，为了不让仅有的几个仆人知道他们是谁，避免把这个秘密泄露出去，相互之间绝不称呼姓名和职务，这堪称美国金融历史上最高级别的秘密。我不是在讲文学故事，我正在做的，是有史以来第一次有人向世界公布著名的《奥利奇货币报告》（指"美国金融委员会"主席、参议员尼尔森·奥利奇花了许多钱、考察了好几年也没有写出的那个"如何稳定美国金融"的报告）如何出台？我们的新货币体系如何建立？（《美联储法案》）是如何被写出来的…… 这些都是美国最大的、被禁止谈论的秘密。美国的公众们，你们一定不能受到一些媒体宣传和暗示，就以为"了解了事实"（历史真相和媒体暗示的不一样）。那天，参议员奥利奇通知那些人上了一节盖得严严的车厢，这列火车的司机被提前通知要到一个人迹罕见的车站。但是无处不在的记者还是到处都是，奥利奇就告诉"亨利"、"弗兰克"、"保罗"、"皮亚特"，他将会把这些记者关在哲基尔岛之外的世界，直到"美国科学的现代货币体系"被创造出来。这一天算是"美联储系统"的"生日"，在哲基尔岛上他和"亨利"、"弗兰克"、"保罗"、"皮亚特"等人就把"美联储系统"讨论成型了。保罗·沃伯格是参议员奥利奇这一伙人之间的链条，每一个人的建议都由他进行串联，他比任何一个人都了解"美联储系统"的每一个环节。(《货币观察》，1916 年 12 月，382 页)"[参考文献：(美)尤斯塔斯·莫林等著.美联储的秘密，第 1 页.(法)尼斯：john mclaughlin 出版公司.1993]

"独立央行体制"是一个如此令人厌恶的肮脏名词，是犯罪与欺骗的同义词，是一个谁都知道根本就不需要的冗余机构，目的在于让"国际债权人集团"架空美国政府、控制美国财政部，秘密篡夺国家最高权力，美国政要和企业主不是不知道欧洲各国"独立央行"的所作所为，以致大权在手的摩根财团都不敢提出建立"美国央行"的说法，而提出"美国联邦储备银行"的说法，这无疑是令人深思的一幕。

罗思柴尔德家族就是通过这样的秘密会议，由代理人"洛克菲勒财团"（其实是摩根财团幕后扶植的，直接出面控制美国实体经济界、思想界、科研界、政界、情报界的犹太银行代理人家族）和犹太"摩根财团"，从金融战役的人事高端、法律高端、政治高端、金融高端等多个角度，"高瞻远瞩"地发动了一场针对美国人民、美国政府、美国企业主和农场主（实体经济资本）、美国华尔街（虚拟经济资本）的一场史无前例的金融战役，手段是依托金本位控制美国货币发行权，中短期目的是广义拥有美国和美元体系控制下的一切财富，长期和终极目标是建立一个金融僭主家族世袭主导下的"世界货币、世界央行、世界政府"体制。随着时代的发展，科技的进步，这个目标从内容上属于暴力金融主义阶段，从手段上明确提出了"人体芯片控制社会"，这样世界范围内的、超稳定的金融僭主实习体制和广义财富转移机制。

人类文明的存亡危机也就随之出现了……

2. 圣诞节前的罪恶

（1）1910 年 11 月 22 日的"哲基尔岛 7 天密会"之后，参议员尼尔森·奥利奇就抛出了《奥利奇货币报告》，明确提出了一个"美国参议院"的"金融委员会主导"的"前进方向"。

（2）1913年6月26日，众议员、银行家卡特·格拉斯（Carter Glass）提出了"格拉斯动议案"，要求在美国建立"央行体制"，但怕"央行"这个丑恶的事物引起舆论哗然，提案被掩饰成要建立一个"稳定美国金融的联邦储备机构"，似乎是"要储备点黄金、抵押债券之类的东西，用来应对金融危机"，至少人们印象如此，大多数人没有往"央行体制"那里想，否则会立刻引起政坛风暴。所以，这是一个"联邦储备"概念，是一个特别成功的"经典公关案例"，是美国金融战役史上的一个"闪光点"。

（3）1913年12月18日，"格拉斯法案"在美国众议院以287票同意，85票反对，得以通过。

（4）1913年12月19日，美国参议员欧文联名众议员格拉斯提出了"格拉斯动议案"，这个提案就变成了"格拉斯·欧文法案"，并立即予以表决，结果以54票同意，34票反对，得以通过。

（5）1913年12月22日，银行家就抛出了"美国联邦储备法案"（人们根据经验和惯例，以为要好几个月，甚至几年才会根据"格拉斯·欧文法案"，形成一个真正完善，并能长期执行的"联邦储备法案"），结果很多议员由于想过圣诞节，看都没看就以为"美国政府储备点东西，应对金融危机的提案"还会有什么错吗？结果众议院282票同意、60票反对，参议院43票同意、23票反对，通过了《美国联邦储备法案》[这个投票的统计数字，不同文献有差异，不是对错的问题，原因可能在于不同数字对缺席人员的统计口径不同，或文献来源不同造成，但数字差距不大：众298/60、参43/25，"宋鸿兵.货币战争.北京：中信出版社.2007"。这些近100年前的投票统计数字可能有微小的数字文献误差，但不影响"美联储法案"通过的历史真实]。

（6）1913年12月22日，美国总统伍德罗·威尔逊迅速签署了《美国联邦储备法案》，人们都以为美国建立了一个"抵御金融危机的国家储备体系"（当然，实际上不是这样）。有关纽约美联储股份的构成、纽约美联储世袭股东的演变，请详见拙作《货币长城》和"《金融刺客》"其他几卷。

（四）1913年美国各界都被欺骗了吗？

这个问题非常耐人寻味，抛开金融战役的控制策略不谈，美国各界是否都"糊涂"了？这里作一个简单的分析。

1. 美国人民为什么上当？

美国媒体都是金融资本拥有，并没有宣传建立一个"美国央行"，而是宣布建立一个"可以稳定美国金融秩序，避免金融危机发生的美国联邦储备系统"，直到今天美国的"央行体系"，还被习惯性地称为"美国联邦储备系统"，但正如莫林先生所说"不归美国、不属联邦、没有储备、不是银行"，其实就是一个架空美国政府货币金融权力的"皮包公司"和"冗余机构"，本质是一个金融战役的工具。但美国人民认为建立一个"储备点什么来应对危机"，无疑是正确的，在不理解的基础上，予以默认，没有引起美国社会的反对。

2. 美国学术界"上当"了吗？

在"威尼斯卷"中，我们就探讨过欧洲古代大学和研究机构的起源，都是银行家建立，并且早期的大学就是跨国商业情报网络，这就导致美国大学的学术界从一开始就是金融资本豢养的附庸，并且是商业情报机构，甚至是美国国家情报机构的一个组成部分（在金融国家，这种区分也没有实际意义）。签署美联储法案的美国总统伍德罗·威尔逊就是普林斯顿大学的校长。他甚至在 1887 年发表"行政的研究"，主张行政系统非政治化、私有化。一个倡导政府公共权力私有化、家族世袭化的"学者"，拿着华尔街的经费当了美国总统，就是服务于他提倡的"世袭私人政府权力"，与之相比货币的债务化、私有化简直是"小菜一碟"。这就是资本主义社会所谓"学术自由"、"学术独立"的欺骗与危害，影响深远，后果严重。

3. 美国新兴资产阶级、军事门阀与美国政客集团为什么"都上当了"？

他们除了部分与"美国人民"一样被那个"储备系统的名称"给欺骗了，大多数却是出于贪婪和狡黠试图与华尔街分赃。他们在战略方面"占了小便宜，吃了大亏"：

（1）原来这 3 个主导与利益分配的政治集团和华尔街银行家是"平起平坐"，甚至是上级对下级的关系。1913 年以后，上下"对调"——从此，这 3 个集团成了华尔街"国际债权人集团"的附庸，仰人鼻息，稳定的战略利益又如何能够保证呢？

（2）他们没有认识到，伴随着金融僭主体制的法律化，必然会出现一个有利于金融僭主的广义财富转移机制，抛开政治因素不谈，单就利益而言，本来美国资本凝结的主要受益者是这 3 个集团，但随着金融僭主体制的出现，他们反倒成了广义财富转移机制最大的受害者，战略利益和战术利益都损失最大。

（3）这 3 个美国政治集团都有着新兴国家政治集团特有的急功近利的心态，没有深刻地去思考金融僭主体制对资本极度凝结的后果，对金融权力高度垄断世袭的后果，对美国政治生态、国家预算生杀予夺的后果。他们由于历史和阶级的局限更没有，也不可能预见到"国际债权人家族"，这个来自资产阶级、来自私有制的事物，最终必然逐渐走到资产阶级、私有制，甚至金融僭主自身的对立面，成为资本主义社会、私有制，甚至人类文明的掘墓人。他们不可能在那个历史时期，听到"世界人体支付芯片体制"的推行宣言，也无法理解这种高科技镣铐与高科技奴隶制对人性、文明、进化的毁灭性后果。他们的子孙必然要生活在金融僭主体制罪恶的阴影中，要么与之斗争，要么成为奴隶，没有第三条道路（因为这是生死存亡之争，不是利益多少之争）。这种战略性的损失，是无法用任何数量的战术利益来弥补，是无法用金钱来衡量的决策损失。

（五）1913 年的"各种声音"

1."美联储法案将在世界上创造无边的信用供给。当美国总统签署这个法案的同时，美国无形的幕后金融政府被合法化了。美国人民可能不会立刻知道这是怎么回事，但算账的日子会越来越近。那些控制了美国信用供给的寡头总有一天会明白他们为了捞取利益而背离他们自己的利益太远了。美国人民需要作出独立的宣言，从金融权力下解放自己，因为这种权力有能力夺取国会的控制权。如果美国的参议员和众议员先生们不把美国国会变成"欺骗大会"的话，华尔街无力欺骗我们。如果我们有一个人民的国会，金融局势自然会稳定。美国国会犯下的最大罪行就是这个货币系统，这个银行法案是国会立法机构犯下的最坏不过的罪行。那些密谋者和各党派的首领们联手阻止美国人民从他们选举的政府那里得到属于他们自己的权利。"——美国众议员·林德伯格·1913 年

笔者点评：这就是美国维护资产阶级根本利益的政客所拥有的明智与深刻，仔细读来，令人深思，这段话非常的沉重，是资产阶级冷静的声音。

2."1910 年秋天，6 个人一起出去打鸭子。"奥利奇"、他的秘书"谢尔顿"、"安德鲁"、"戴维斯"、"万德利普"，还有"沃伯格"，可媒体人就聚集在乔治亚州的布鲁斯维克（Brunswick）火车站。戴维希先生出去和他们说，这些记者被驱散了，这次奇异旅行的秘密才没有被暴露。奥利奇先

生就问他，你是如何做到的？（让记者乖乖离开），他并不情愿透露事情原委。"——美国参议员、美国货币委员会主席尼尔森·奥利奇的正式官方自传[纳撒尼尔·赖特·斯蒂芬森执笔.尼尔森·W·奥利奇——美国政治的领导者（第24章"哲基尔岛"）.美国（纽约）：Scribners 出版公司，1930]

笔者点评：有些人说不相信"几个银行家在密室中，就能决定美元世界的一切"，有的人根本否定"国际债权人"集团在华尔街的代理人阴谋在美国发动这次金融战役的历史真实，可银行家们却并不否认这一点。特意引用这段话，告诉一些把这段历史，这个美国华尔街的金融政变的真实历史称为"阴谋历史观"的人们，有阴谋不假，但这些阴谋的确存在，并且成功了。控制了美国的银行家世袭集团都出书立传，引以为豪，一些所谓的"西方学者"却刮肚搜肠，试图证明这些历史不存在，是"阴谋论"，这种现象值得后人深思。

通过这个历史片断，我们还可以看出西方私有媒体，在主人面前是多么的驯服，"无冕之王"是指拥有这些媒体的世袭银行家族成员，而不可能是被华尔街银行家族雇佣的、按月领薪水，甚至按文章领稿酬，以此养家糊口的"卖文者"，这很讽刺，但又是那么的真实、可怕。

3."纽约将进入一个以金融为基础的增长时期，我们将很快看到她成为世界金钱的中心"——纽约时报"评美联储法案"·1913 年 12 月 21 日 ["1～3"参考文献：（美）尤斯塔斯·莫林等著.美联储的秘密（27 页）.（法）尼斯：john mclaughlin 出版公司.1993]

点评：这不是廉价的吹捧，却道出了虚拟经济和信用岛效应的秘密。

信用岛效应

所谓的信用岛效应，属于"虚拟经济学"中定义过的"物价岛效应"的一个分支。信用岛效应必须是金融国家、金融飞地才能实现。其本质是金融资本对所有地域进行广义财富转移，但金融资本的凝聚地，尤其指虚拟信用供给国，则把通货膨胀部分转移到了其他国家或地区，所在地区或国家的人民、企业会感觉相对富有。但这种相对富有是相对贫穷大背景下的一个错觉，是一种不能长期延续的"分赃模式"与"广义控制机制"。最终金融资本所在国或地区的大多数社会成员，会进入以"零储蓄"与"债务消费"为特征的、广泛的世袭赤贫状态，无力自我摆脱。大多数实体企业则会在金融资本完成实体经济控制与虚拟经济主导以后，出现企业主代理人化、工头化、所谓的"中产阶级化"的现象，实体经济本身则会逐渐在金融资本的主导下向"信用岛"以外转移，而出现产业空心化，因为金融资本必须输出实体经济否则就无法实现对实体经济的广义财富转移。这些就是"信用岛效应"长期的战略代价。

第四章

两大银行家集团的命运之战

一、建国的基石是金钱，不是民族利益

美国是一个典型的金融国家，是一个特定历史时期的特定产物。它恰好出现在私有制、工业革命、金融资本凝结的高潮，又赶上了信息浪潮的新时代（这里指的是报纸、杂志等为代表的"新媒体浪潮"，不单纯指第二次世界大战后发展起来的"信息技术"），让人们淹没在美国无处不在的信息海洋中，好像美国是永恒的金元帝国。实际上，美国1815年才真正稳定了国家基础（此时才真正建国），即便从1776年7月4日共济会成员们签署的《独立宣言》开始计算，至今也不过200余年。

200年在人类历史上不过是白驹过隙，甚至无法形成一个民族和文化。所谓的"美国文化"总是和商业宣传、社会控制、债务消费紧密相连，既没有公认的文化体系，也没有公认的道德体系，唯一的价值就是：金钱。

美国一共才200年的历史，不过是一个婴儿国家，却已经呈现出了疲惫的样子，显得垂垂老矣。美国政府的狭义国债已经逐年接近美国国民生产总值，美国政府、企业、个人的狭义负债超过美国国民生产总值最少2.5倍，这就让美国每年平均不足 1%的"增长"，低于支付债务利息的增长，形成了一个漫长的、危机逐渐扩大的、无法逆转的、进入了金融主义阶段的金融国家特有的资本主义经济危机模式——虚拟增长。

美国社会成员平均是"零储蓄"，这不仅表现为一种世袭金融僭主阶层与世袭金融奴隶阶层的尖锐对立，也反映了大多数美国人陷入了世袭的赤贫状态。如此广泛的贫困和"贫困中的满足与社会稳定"在人类历史上是不曾出现过的"奇迹"，是虚拟经济的甜美果实，是金融战役的辉煌成就。但物理世界永远也不会被仅存在于人类思想中的虚拟经济所扭曲，虚拟经济越成功，最终崩溃的能量就积蓄得更多。美国唯一的秘密就是：金融战役和广义社会控制，依靠输出信用实施对全世界广义财富的转移。美国已

经破产，美元已经破产，在美国强大雕像的下面，是一块虚拟经济的巨石，正在不可逆转的破裂——原因耐人寻味：**金融僭主体制**（金融主义、虚拟经济）**是资本主义经济制度，乃至私有制的掘墓人。**

美国建国之时，并没有一个建国的社会基础，美国在"英属北美海外领地"时期，就已经是金融资本的独立王国。北美不论是"英属"、"法属"、"荷兰属"、"西班牙属"、"葡萄牙属"的殖民地，都由欧洲跨国金融资本建立的"跨国公司"管理，都拥有军队权、征税权、战争权、铸币权、外交权、贸易垄断权……一句话：这些"公司领地"早就脱离了欧洲各国的管制，属于不同的垄断银行家族。他们之间相互征伐、尔虞我诈，在资本怪物的驱使下，拼命去达成"不断纯化"的资本凝结。这个"建国"时期的美国金融战役史，其本质是欧洲跨国垄断银行家族之间的金融资本凝结之战，是私有制资本兼并之战，是资本大小之战，而不是优胜劣汰之战，这就决定了美国从一开始就是一个垄断金融僭主家族主导的金融国家，一开始就丧失了内部自我优胜劣汰的机制，完全在一种违背市场经济的"伪市场经济"模式下，进行了200年空前疯狂的资本凝结。

美国的历史就是一部金融战役史，美国的建国历史，就是一场气势恢宏的金融战役，让我们走入这阴谋的史诗，耳边是机械革命的隆隆声，眼前是一幕幕惊心动魄的骗局，殚精竭虑的阴谋，让我们走到得意微笑的银行家身边，去看看令他们痴迷的罪恶果实吧……

二、建国迷雾——北美"独立战争"为何爆发

（一）美国为什么要独立？

1. 银行家甜蜜的一刀

很多西方学者，把美国独立简化成为一个"英国人压迫，美国人反抗"的过程。但是，在美国独立以前，北美广阔的土地是英国的"海外领地"，英国为什么要"压迫自己的国民"呢？如果没有金融资本"捣鬼"，北美大陆不具备爆发大规模反英"独立战争"的社会基础。换句话说："压迫"是银行家人为制造出来为催生美国独立战争所用的。

当时，欧洲大陆的犹太垄断金融资本介入了英伦三岛的政治，巧妙地推行了一系列看似有利于苏格兰银行家集团和英格兰传统贵族集团的法律，让欧美贸易必须经由英国，这个极不合理的法律固然让英国有了短时

间的暴利，但北美的公产与农场的贸易利润却被压缩到了极限，迫使美国新兴资产阶级在慢慢破产与冒险进行独立战争之间进行选择（有关金融战役的步骤和详情，请赏读"荷兰卷"、"英国卷"）。

由于这种"独立"，并非是民族独立，甚至不是追求政治独立，仅仅是一个"利润问题"，美国虽然被认为是 1776 年 7 月 4 日独立，实际上彻底摆脱英国的政治、经济影响力，足足用了 100 多年。

2. 北美国家、人民的"消失"与永远不能忘记的"感恩节"

图片说明：这是五月花号，1620 年，从英国普利茅斯港出发，把 100 多个英国人带到了美国。这是画家威廉·哈尔索尔 1882 年创作的"普利茅斯的五月花号"。

五月花号的出航对英国北美"海外领地"的建立具有特殊的历史意义。因为，这不是探险，而是欧洲早期大规模向北美移民的"经典案例"（有时被看做是"最早的殖民"，实际上要早几十年，但这次规模很大，没有探险的意义，却有里程碑的意义）。他们当时是到了北美印地安国家的领土，而印第安人讲求谦和容纳，根本无法想到他们面临着亡族灭国之危局。

五月花号上的英国人由于迷路，把到达美国的地点也称作"普利茅斯"。他们不仅迷路，而且饥寒交迫，很多人冻饿而死。印第安人国王（万帕诺亚王国，西方史故意说这是一个"部落"，可这个"部落"比英国还要大许多，历史也更悠久）迈斯色以派人给他们送去了肉、粮和农具，并赠予他们土地（因为 1618 年，北美突然暴发了"天花"，很多人都死了，大批印第安村镇变成了"鬼城"，北美突然到处都是"没人耕种的熟土耕地"，这"岂不是天赐良机"吗？），教会他们耕种。后来英国人有了收获，感谢印第安人的救命之恩，这就是美国和加拿大的"感恩节"（在美国，感恩节是在每年 11 月的第四个星期四）。

当时这些从饥寒中缓解过来的殖民者喝着印第安人的美酒，吃着印第安人送来的北美特产火鸡肉，庆祝了 3 天。迈斯色以 1661 年去世，1662 年他的大儿子瓦姆撒地（Wamsutta）继位后不久就被殖民者秘密诱捕，然后被毒死。1663 年瓦姆撒地的弟弟继位，史称"菲利浦王"。

这时，北美印第安人已经实力大不如从前了。因为，第二金融国家·西班牙阿拉贡王国的海军远征军司令、犹太军官哥伦布迷路了，以为到了印度，北美被发现了。后来，"'发现'美洲大陆之后，**英王有书面命令，让殖民者带一些天花病人盖过的被子，送给印第安人**，让这些毫无免疫能力的人种消失掉。"（许博渊.对美国·该爱还是恨？.新华网刊载: http: //news. xinhuanet.com/comments/2005-11/04/content_3725851.htm），此时印第安人口骤减，濒临灭绝。被感恩节中的主角印第安老国王迈斯色以救活的殖民者，在 1675 年发动了对他儿子"菲利浦王"的灭绝战争。北美印第安万帕诺亚王国被干净彻底的"消灭了"，大多数人被杀死，剩下的一些女子和孩子卖作奴隶。"菲利浦王"的妻子和儿子，也就是感恩节主角老国王迈斯色以的儿媳和孙子，被卖到百慕大做奴隶。

北美印地安万帕诺亚王国的菲利浦王以身殉国，临死留下一句名言："**拼必死之命，殉必亡之国**"（"determined not to live until I have no country." ——Wampanoag sachem，King Philip 1675）——这字字血，声声泪，却不足以唤醒一些梦中人。

纵观欧洲金融战役的历史，无数出卖祖国和民族的贵族，甚至王族，都自以为是"我们那些人"中的一员，自以为对跨国金融资本以后有用、有恩，或至少曾经"有用"、"有恩"，而沾沾自喜，为虎作伥，只图眼前小利，哪顾国破家亡。他们的"恩再重、功再大"，也超不过老国王迈斯色以父子的"救敌送国"之壮举。从某种意义上来说，北美印地安万帕诺亚王国有取死之道，是"**必亡之国**"。

此后，印第安人在北美就逐渐成了一个"配角"，影响力逐渐减小，最后仅剩的一些残存的人口，退到了"保护地"，基本退出了北美的政治决策圈和主流社会（还有几次"类似于雇佣军式的出场"，但已经丧失了独立的政治立场和影响力）。

（二）金融战役的涟漪终成巨浪——"觉醒思潮"、"不合理的税收"、"波士顿倾茶事件"

1.浸信会

现代共济会在欧洲推动了启蒙运动，目的在于颠覆欧洲正统基督教文化体系和道德观，但在客观上起到了反对封建迷信的积极作用，逐渐摧毁了宗教对人们思想桎梏。不过从效果来看，并没有达到彻底摧毁基督教文化的作用，只是让金融资本影响了"浸信会"等宗教派别在美国发展了起来。浸信会教派依然属于基督教，但不仅反对天主教廷的权威，而且认为经验和个人感受是第一位的，"浸信会"并没有着手建立严密的管理体系，而是以一种类似于"尼德兰联省共和国省议会之间的模式，自由、自愿"组成一些"跨国组织"。

浸信会教派不仅反对天主教，也反对英国新教的教权，由于它没有脱离基督教的文化范畴，因此深受美国新兴资产阶级的欢迎，把这称为"大觉醒"，这就从文化、教权、社会、感情等角度，割裂了北美与英国的纽带，经济和金融就成了唯一的缆绳。"大觉醒"不仅是共济会推动的欧洲启蒙运动的一部分，而且对美国独立具有不可小觑的文化意义。

2. 英国"不合情理"的税收法律

有关到底是谁"发现"（这个说法有点"小问题"，因为美洲一直在那里，而且印第安王国的历史很悠久）了北美新大陆，这在欧洲史学界有争议。英国历史学家、原皇家海军核潜艇艇长加文·孟席斯（1943～）[参考文献：（英）加文·孟席斯著，师研群译. 1421·中国发现世界. 北京：京华出版社. 2005]认为中国的外交船队的领队使节郑和，1421～1423 年前后，先于哥伦布（1492）"发现"了美洲大陆，早于哥伦布。

虽然北美基本可以确定是在 15 世纪被"发现"（可能要早得多，当然有待于进一步研究），可欧洲对北美的殖民活动却一直局限于金融资本，欧洲民间移民很难承受远航费用与不可测的风险。如果不考虑英国金融资本的北美"布局"（这很重要，奠定了美国金融国家的基础），英国第一个官方殖民点是在 1607 年美国弗吉尼亚地区建立，第一次大规模移民却是 1620年"五月花号"事件。所以，从 1607～1776 年，北美主要是英、法、荷兰、西班牙等国的殖民地。但都控制在"跨国公司"的世袭股东手中，与各国政府的关系是"微妙而复杂的"，不能简单看成是"某个国家的海外领地"。

这段时间由于北美处于银行家控制的"跨国公司"（比如英国 13 个北美殖民地，就由"英国东印度公司"管理，英国政府无权插手）的管理之下，所以现代共济会就逐渐脱离了欧洲古典共济会的束缚，成了银行家族的附庸和跨国秘密情报机构与秘密金融社团。所以，1776 年 7 月 4 日，北美殖民地的代表签署《独立宣言》的时候，56 个代表中有 53 个是现代共济会的正式成员。现代共济会已经伴随着金融僭主体制的成熟，拥有了独立建国的力量，而古典共济会对美国的影响力可以忽略不计。

控制了欧洲各国的金融资本，蓄意挑起北美独立战争。他们策动英国政府（推翻了英国王室，建立了扶植克伦威尔家族世袭的"英吉利共和国"）通过了《航海法案（1651.10）》（有多次补充和删改，是一系列法案的总和），强迫欧美贸易经由英国进行！抛开欧洲国家对英国的不满，英国北美领地的新兴资产阶级对欧洲的贸易也被无端的征收了重税，并只能依靠"偷税"才能生存，这就导致了 1651 年以后，英国海外领地（尤其是当时的英属北美殖民区）偷税的合法化，这不是几个铜板的问题，而是英国丧失对海外领地控制和权威的开始，也是北美新兴资产阶级对英国上层不满的开始。

之所以这个策略如此成功，始作俑者是欧洲犹太跨国垄断金融资本，他们利用了当时盘踞在伦敦金融城，拥有"英国东印度公司"，管理着英属北美殖民区的苏格兰银行家集团的贪婪，让这个法案得以顺利实施，并逐渐加强（到极度不合理，甚至无法实施的程度）。

3．英国政府的觉醒与《货币法案》迫使银行家铤而走险

（1）偷税合法化的奇妙时刻

英国政府比较艰难，一直没有国家经济、货币，甚至预算的控制权，但不能说英国政客集团就没有"深谋远虑之人"。英国政府被迫延续了克伦威尔的《航海法案》（这个斗争过程惊心动魄，甚至有杀父之仇，英国王室都忍了），但却默认了北美地区的"偷税合法化"，试图拉拢苏格兰银行家集团、安抚北美新兴的资产阶级，联手抗衡日渐强大的犹太跨国金融垄断资本在英伦三岛的存在。

走私协查授权书（Writ of assistance）

这个授权书，本来是英国政府授给一些海外领地稽查走私货币的协查授权书，被授权的人或组织可以协助查办偷税案件。实际上却成了英国政府出售给英国东印度公司等跨国企业的一种"偷税授权书"，总算变相地给

英国财政弄回了一点钱。然后这些地区就由"授权人"自己去"查办偷税走私了",至于他们查不查,英国政府既然管不了,也就拿点实惠,不管了,名义上还维持了征税权(本质是治权和主权)和面子。

在操作中,"被授权人"查得特别"认真",也上缴了一些税款,的确打击了"走私"(欧美直接贸易),这反而激起了北美新兴资产阶级的极大不满。究其根源在于:这种税收体制本身就有问题:①税率偏重,不注意休养生息;②不合理(英国可以从"北美海外领地"的其他税收弥补财政,不宜从欧美贸易中直接征税,且要求货物"经由英国",这操作起来很不便利,问题多多);③有银行家在英国和北美同时"捣鬼"。就这样,一个简单的税收问题,就逐渐复杂化,政治化了。

(2)英国金融联盟的两个杀手铜

到了18世纪,经过100多年的发展,跨国银行家族在北美地区的影响力日渐巨大,已经生根发芽。英国的两大统治集团,英格兰传统贵族集团与苏格兰金融贵族集团逐渐感觉到北美并没有控制在他们手中,而是控制在"国际债权人集团"(主要是欧洲犹太跨国垄断银行家族集团),共济会已经控制了英属北美海外领地的领导权,英国政府开始被架空时,英国东印度公司的世袭股东们还可能窃笑过(因为他们是"偷税大户",包括王室、贵族),现在他们却一点都笑不出来了。

英国这两个相互钩心斗角,又相互拆台的"老冤家",突然空前一致,突然对已经做大的北美金融集团发难,连续砍了几刀,可谓刀刀见血!

①《货币法案(1764)》(Currency Act)

内容:1764年英国议会通过了《货币法案》,禁止银行家在北美发行"任何形式的纸币"。请注意,这包括金币、银币、铜币的"支票、汇票、银行券、存储凭证"等,除非交割的是金属币。

意义:这个法案很厉害,一下就击中了犹太垄断银行家族的命脉,这是深谙其道的苏格兰银行家集团抛出的一个杀手铜。苏格兰银行家深知,"国际债权人集团"之所以要推行金本位,最终的目的是控制"金本位货币的账面信用数字"的发行——"金本位货币"。

这一方面反映了18世纪"北美问题"的核心矛盾所在,也反映了银行家集团内部的矛盾激化(否则这种鬼把戏大家都在玩,谁又会在玻璃房子里扔石头呢?)。英格兰传统贵族与苏格兰金融贵族的联手,不但不能说明这个联盟的强大,反而说明局势对他们已经很不利了。换句话说:强大的苏格兰银行家集团已经无法驾驭北美的金融局势了，犹太银行家族在北美做大了。

②《白糖法案（1764）》（Sugar Act）

内容：强化对英属北美殖民地的白糖税收。

意义：这个法案与其说深刻，不如说恶毒，如果不是后来爆发了战争，这是一系列立法的开始。因为表面上，这是对1633年《糖蜜法案（1733）》（Molasses Act，正好1763年到期，就被用来当"题目"）的改变，似乎还"降低"了税收（实际上是强化税收），但真正的目的是要对北美的食品贸易进行控制。生活在和平年代的人们总忘记"大白馒头的重要意义"，银行家却从来不被金钱的浮光掠影所迷惑，他们心头总有"控制粮食，就控制了世界"的概念。苏格兰银行家们试图从白糖开始，慢慢加重对北美的食品税收，扼住"犹太银行家族"的咽喉，可惜，他们的动作太晚了，也太软了——犹太银行家们已经在准备"独立战争"了。

③《印花税法案（1765）》（Stamp Act）

内容：苏格兰银行家为了限制犹太银行家族在北美的扩张，通过了这样一个法案，对北美所有交易、发票……进行征税（包括"几乎所有的纸印的东西"，契约签订、贸易交割、所有的单据、所有的法律文件和文书、抵押凭单、合同，甚至包括**报纸、扑克牌、药方**……这种"印花税"纯粹是蓄意破坏北美的经济生活和经济秩序,甚至普通人的正常生活都要纳税，似乎是针对所有人。实际上主要针对的是犹太银行家族，但做得明显过头了，有"逼虎跳墙"的意思。甚至有一种可能：苏格兰银行家试图迫使准备不充分的共济会立刻发动"独立战争"，然后利用英国的民族情绪予以消灭，为英国东印度公司打下一个好的公关形象，并白捡一个"现成的独立王国"，当然这仅仅是对这种"过头做法"的解释之一）。

意义：这个法案，看似很小，实际上总量很大。由于英国东印度公司的股东们拥有税收权，这等于苏格兰银行家集团对北美犹太银行家族的金融交易进行征税，不仅开了一个"头"，而且这必然让英国东印度公司在北美重新占据金融制高点（你参与游戏，我制定规则）。

犹太银行家族深谙"金融事务"，这一惊非同小可，这类似于一个摊牌行动。这一招很毒辣，如果不是犹太银行家族先后主导了德国马克、法国法郎等一系列欧洲货币，苏格兰银行家这个打乱对手战略部署，逼迫对手就范或在条件不成熟的情况下"提前动手"的策略，成功的可能性很大。

④《宣言法案（1766）》（Declaratory Act）

内容：废除《印花税法案（1765）》，却重申对北美殖民地的"主权"和政府人事权。

意义：由于《印花税法案（1765）》遭到激烈反对，英国政府以退为进，试图诱使北美殖民地继续臣服，从法律上有一个明确的界定（《印花税法案（1765）》表面废除了，但控制加强了，局势稳定了，可以在通过另一个"新印花税法案"），这个措施，特别具有英国外交风格：老道深刻。

⑤《唐森德法案（1767）》（Townshend Acts）

内容：英国议会1767年通过了一系列比《印花税法案（1765）》更强硬的法案（史称"唐森德法案"），对北美出产（北美转运）的茶叶、染料（包括油漆）、玻璃、纸张（包括纸浆、原木）、铅（包括含铅制品）征收重税。

意义：英国东印度公司背后的苏格兰银行家集团是推动这个法案的主力军（这样做不仅可以得到巨大的垄断利润，还能部分阻断犹太金融资本的财政来源，实为釜底抽薪的妙计）。这种表面的胜利，反映了苏格兰银行家集团一种深层次的危机——他们丧失了对北美经济和局势的主导能力，这也预示着他们在英国的金融争霸中，最后将输给以罗思柴尔德为首的犹太跨国金融资本。本来英国在北美的殖民地就不归英国政府管辖，而是归英国东印度公司管辖，但此时推动这个法案，却是试图让公司控制的印度的茶叶和铅、英国的玻璃和纸张能够垄断销售（如果他们能主导北美这些产业，这样做就毫无意义了）。

因为在这种税率优势下（英国东印度公司"自己对自己征税"，实际上是免税的，至少是"低税"），北美本土发行的货币和转运的货币，毫无市场竞争力，不仅不能维系北美地区的"对外"贸易，甚至还要面临白银、黄金不断外流的窘境，直接导致了硬币流动短缺型金融危机。北美新兴的资产阶级要么起来反抗，要么破产。这就不能不令人怀疑，英国东印度公司的动机，可能一点不比欧洲犹太银行家集团"高尚"，他们很可能想到一起了，不过有点"殊途同归"罢了。

⑥《茶叶法案（1773）》（Tea Act）

内容：英国东印度公司在英属北美殖民地实行茶叶专营。

意义：在"英国卷"中，提到过英国东印度公司的鸦片专营与罗思柴尔德家族在印度孟买的鸦片帝国之间的复杂利益冲突，这个茶叶专营事件，看似很小，可如果考虑到英国，乃至整个欧洲对于茶叶消费的需求基本依赖进口且消费总量巨大的那个历史背景，就不难理解这不啻于另一场"鸦片战争"，几乎可以称之为一场"茶叶战争"。说到底，这还应了那句俗语：神仙打架，凡人遭殃。

4. "波士顿倾茶事件（1773）

图片说明：1773 年 12 月 16 日"波士顿倾茶事件"，具体发生时间有白天和晚上两种说法。这张图片是有关这个历史事件的"艺术形象"。实际上，是偷偷地装扮成印第安人实施的一次秘密行动，没有欢呼的场面，也没有欢呼的美国人，是由共济会下属的"自由之子"组织、执行的一次准军事行动，并试图嫁祸于印第安人，试图挑起英国东印度公司与印第安人的战争，是一次策划很细致，执行很成功的、不流血的军事奇袭。

英国在复杂的历史条件下，对"英属北美海外领地"，也就是"自己的领土"实施了一系列打击政策，不能简单地认为这是"英国统治者针对美国人民"，实际上当时英国统治者根本就没有把美国人民放在眼中，只把主导了欧洲的犹太金融资本集团和现代共济会当成对手（此时英国还处于古典共济会主导的局面，英伦三岛的金融主导权还掌握在苏格兰银行家集团手中），直接利益受损的是犹太银行家集团，而不是美国人民（虽然美国人民并不一定满意，但大多数移民主要考虑自己的田地、生产，而不是每天琢磨着如何抛家弃子，冒着生命危险和英国士兵打仗，这不难理解）。不揭开整个金融战役的序幕和背后波澜壮阔的金融交锋，就无法了解为什么会发生"波士顿倾茶事件"，这个"小小的茶叶事件"如何会酿成一场全面的战争。

1776 年 7 月 4 日美国《独立宣言》签字的时候，第一个签名的人是现代共济会成员"约翰·汉考克（1737.1.12～1793.10.8）"，英文名字是"John

Hancock"，这是一个比较典型的犹太姓氏。华尔街著名的德国裔犹太银行家族"雷曼兄弟"有一个犹太合伙人，就叫做"John Hancock"（当然这是1924 年的事）。约翰·汉考克很不引人注目，也没有当过美国总统（当过马萨诸塞州的州长），他有什么资格第一个签名呢？这是一个历史之谜。约翰·汉考克第一个签名，可能有两个原因：

（1）《独立宣言》纯粹就是一个现代共济会的内部会议，约翰·汉考克和其他签名者的官职、影响相比都不突出，但在共济会结社内部，地位一定高于其他人，这也反映了秘密结社对美国民主政治的毒害。

（2）约翰·汉考克本人是个银行家、大贸易商，甚至是一个走私犯，投机商，一度主导了北美的茶叶贸易，财大气粗。虽然没有记录，但让一个出钱的"共济会兄弟"第一个签名，恐怕大家都不会有异议，不然情面上说不过去，这算作一个荣誉吧。

从 1764～1773 年，苏格兰银行家集团在英国议会，密集地抛出了一系列针对主导美国经济和贸易的犹太银行家集团的"法案"，这就是"宣战"。这些法案并没有直接冲击北美的移民者，但犹太金融资本却首当其冲。他们开始努力把危机转嫁给美国新兴的资产阶级，营造反英舆论，但 1773年的《茶叶法案》，等于宣告了约翰·汉考克等犹太银行家在北美和欧美的茶叶生意总破产，这笔钱是现代共济会的重要资金来源。

这里需要明确一个问题：这些犹太银行家的茶叶贸易是"空手套白狼"，是在偷税走私，他们打着英属北美殖民地的旗号，从中国等地买进茶叶，然后直接运到荷兰、英国等地，冲击了英国税收体制和英国东印度公司的茶叶垄断权，并没有给北美人民带来多大好处（他们在北美时而低价倾销，打击北美茶农；时而哄抬物价，谋取垄断利润，北美移民苦心经营的茶叶经济遭受了打击），金币都入了银行家的个人腰包。

"波士顿倾茶事件"是欧美两大金融集团的内讧，这两个银行家集团在历史上，既斗争又联合，尤其到后来"你中有我，我中有你"，顶多是你控制我，还是我控制你，你兼并我，还是我兼并你的问题，与各国人民关系不大。"波士顿倾茶事件"是两股殖民主义势力之间的利益冲突，"倾茶者"绝不代表美国人民的利益，"胜利者"很快就残酷镇压了美国人民的起义[1786 年马萨诸塞州的人民由于不堪人头税的重压与金融资本对美国农民和手工业者残酷的债务奴役（银行家趁着战火导致的百业萧条，悍然放出 25%以上的年复息"救助贷款"，还不上就"依法"抓人，抄没产业，所以首先被起义军攻击的是法院和监狱，目的是救出被抓走的"欠债人"，然后才去夺取军火库，这个顺序很奇怪，也很无奈和悲凉)，由曾经参与"独立战争"的丹尼尔·谢司（Daniel Shays，1747～1825）发动了武装起义，结果被"胜利者"重兵镇压，美国人民对银行家的不满被压了下去。起义军首领丹尼尔·谢司被判处绞刑，约翰·汉考克找他谈，以让他去纽约"不问政治"为条件，然后予以特赦]。

图片说明：这是 1786 年 8 月 29 日，美国马萨诸塞州爆发武装起义，距离 1776 年 7 月 4 日美国《独立宣言》签署整 10 年，距离 1773 年马萨诸塞州"波士顿倾茶事件"仅 13 年，距离"独立战争"结束，《巴黎和约》签署的 1783 年的 9 月 3 日，不到 3 年。导火索主要就是深陷银行家高利贷陷阱的美国农场主和农民、中小手工业者和工人、"独立战争"的退伍军人和民兵、中小商人和中小企业主，不得已举行的武装起义。州长詹姆斯·鲍登和谢巴德将军至少动用了 4000 名准军事雇佣军，1200 名正规军，予以残酷镇压。起义军 2000 多人大多数没有武器，虽然在 1787 年 1 月 25 日攻占了军火库等重要据点，但面对优势兵力的全力围剿，还是失败了。这次武装起义很重要，它是美国金融战役史上的里程碑。它反映了金融国家在建国伊始，就孕育着深刻的社会矛盾，美国新兴资产阶级与跨国金融资本之间的矛盾已经隐约显现了，它预示着资本主义的美国即将出现一种脱胎并依附于资本主义国家，又站在资产阶级对立面的、新形态的世袭金融僭主体制，影响深远，它是人类私有制历史发展中的一个大分水岭。

1773 年 12 月 16 日，犹太银行家、大茶叶商约翰·汉考克的密友、茶叶贸易合伙人塞缪尔·亚当斯（此人是马萨诸塞州州长约翰·汉考克的继任者，也是"共济会兄弟"，"独立宣言"签署者，1722～1803），领着手下一伙自称"自由之子"的雇佣军，大约50人。穿着印第安人的衣服，冒充印第安人深夜偷偷潜入了波士顿港口。当时，英国东印度公司有4艘茶叶货船停在港口内，他们分为3个小队，不仅偷偷登上了3艘茶叶船，将342箱茶叶倒进海中，还捣毁了船上的其他货物，嫁祸印第安人，然后逃走。

即便不上升到金融战役的高度，事件本身不过是两个大茶叶商之间的垄断利润之争，嫁祸无辜的印第安人，"很不光明正大"（甚至有点包藏祸心）。当时北美各界纷纷谴责（人们很快就知道这不是"印第安强盗"所为，而是"茶叶党"的雇佣军，这种"商业竞争"还嫁祸于人的做法，实在有点"不上台面"），而不是支持。当时新泽西州的州长、共济会成员本杰明·富兰克林，发现舆论苗头不对，立刻提出用自己的钱来赔偿被毁掉和偷走的货物款，试图平息态势。

5.苏格兰银行家集团的反击——所谓的"强制法案"（Coercive Acts）

"波士顿倾茶事件（1773）"直接受到打击的是英国东印度公司在北美殖民地的茶叶专营权和统治权（管理北美英属殖民地的是英国东印度公司，而不是英国政府），世袭股东中的中坚力量苏格兰银行家集团立刻就做出了激烈的反应。不仅让英国和东印度公司的舰队立刻开入了波士顿港口，而且一连通过了4个法案，予以报复。

有一种误解，"英国通过了《强制法案》"，这个说法有误，所谓的"强制法案"，还被美国历史学家称作"不可容忍的法案"（Intolerable Acts），这些名字都不是英国法案的名称，也不是一个法案的名称，而是一系列密集出台法案的总和，直接导致了欧美两大金融集团的军事摊牌。

（1）《波士顿港口法案（1774.3.30）》（Boston Port Act）

内容：在英国东印度公司损失货物被赔偿之前，关闭波士顿港口。

意义：波士顿港是马萨诸塞州对外贸易的支柱港口，这是英国东印度公司对"波士顿茶党"的惩罚，马萨诸塞州的经济将受到打击（实际上是武装封锁，这无疑将沉重打击犹太银行家、共济会成员约翰·汉考克的"茶叶帝国"）。

（2）《马萨诸塞州政务法案（1774.5.20）》（Massachusetts Government Act）

内容：这个法案简单来说，就是剥夺大茶叶商约翰·汉考克的贸易和政治据点，美国马塞诸塞州的"政治独立权"。马萨诸塞州原本被赋予了选举"管理委员会"的权力，这样就形成了一个脱离英国（实际上是英国东印度公司）管理的"独立机构"，基本控制在共济会和犹太金融资本手中。英国苏格兰金融贵族和英格兰传统贵族都认为必须"削藩"，为此抛出这个法案废除马萨诸塞州的一切章程、组织，并把管理权统一到"英国王室"的名义之下。原来规定由英国东印度公司管理，包括战争、领土、外交、铸币、刑狱、人事等一切权力，都由"公司"管理，英国王室并没有直接的管辖权，这在某种程度上是苏格兰银行家集团无奈之下，作出的一个原则性的战略让步，颇有点"宁与英王，不给敌人"的意思，正反都吃了大亏，但也把英国拉下了水（"公司"开辟的领地，英国传统上也不介入，历来很"超然"，从此便有了戏剧性的变化，影响深远。）

意义："削藩"与"反削藩"的战争已经不可避免了，背后则是苏格兰银行家集团与欧洲犹太银行家集团对北美主导权的争夺。

（3）《行政判决法案（1774.5.20）》（Administration of Justice Act）

内容：这个法案不仅重申英属北美殖民地的审判权归属英国政府，而且认定了一些违法行为（比如：在"冲突中"默认危害事件发生者，有连带赔偿责任和法律责任），这就防止了战争爆发后，英国政府被告上"殖民地法院"的尴尬局面，也强化了英国政府对北美的司法控制，试图从共济会手中重新夺回司法审判权。

意义：这很重要，但实施之时，恰恰是苏格兰银行家一直在推行"司法独立"，用资助大学法学院来建立一个"服务于伦敦金融城的法庭"，当更加强大的金融资本出现时，他们的魔法就变成了噩梦。一纸立法，如何能比金币的叮当声更有发言权呢？此时，英国东印度公司的世袭股东们突然捡拾起法律的武器，高举公正的大旗，不但有点可笑，也太迟了，这不过是金融热战的序曲，苏格兰银行家集团失败的挽歌。

（4）《营房法案（1765）》（Quartering Act）

内容：这个法案表面上是对已经失效的《平叛法案》（每年审核更新一次）的更新，实际上却明确要求英属北美殖民地的各方，有责任向英国军队提供包括营房、食宿等一切需求。

意义：这个法案看似强硬，却说明英国东印度公司已经彻底丧失了"政治解决"北美事务的能力和信心，也说明战争不可避免。不过有一点需要说明：英国东印度公司完全有信心打赢这场战争，如果这仅仅是一场普通的战争，但事实却不是这样——"独立战争"是一场典型的金融热战，不完全是军事问题。在这一点上，信心十足的英国东印度公司失算了。

（三）"莱克星顿的枪声"之谜与神秘的犹太银行家保尔·瑞维尔

美国有关这段历史，"细微"之处各有不同，但大抵是这样记录：1775年4月18日，保尔·瑞维尔发现英军要偷袭莱克星顿美国民兵，然后连夜通知了民兵，最后英军偷袭失败，"莱克星顿的枪声"也就成了"独立战争"的第一枪。

但是"细微"之处却有很多都是历史之谜：

1. 保尔·瑞维尔，很多书籍说他是一个热爱美国的普通士兵。不，他不是一个普通士兵，也不是美国人，而是来到当地的一个很有背景的欧洲犹太银行家（文献一般称他为"金银匠"，可当时罗思柴尔德家族也被称作"金银匠"，其所发行的"纸币"，叫"银匠券"，也就是后来的"银行券"）。他是波士顿市场交易法规的制定者之一、"规划委员会"的成员、马萨诸塞州消防保险公司的创立人、马萨诸塞州慈善协会的创立人。他"爱好狩猎、钓鱼、打牌；是个戏剧迷；经常去酒馆；做买卖很有一手"[参考文献：盛森."成骑士 VS 败骑士".北京：意林.2005, 10B（19 期）]他和另一个"报信者"威廉·戴维斯，都是共济会"自由之子"的成员（"波士顿倾茶事件"就是"自由之子"成员冒充印第安人干的）。他们两个人跑的路线还不一样（威廉·戴维斯跑了 17 英里，约 27.35 千米），边纵马边喊："（英国总督）托马斯·盖奇要来抓人了"。

2. 1775 年 4 月 18 日夜，犹太银行家保尔·瑞维尔 2 小时内跑了 13 英里（约 20.92 千米），据说"很快"，被称作"午夜骑士"。快吗？太慢了！最多 1 个小时，而且这考虑了简短交流，否则 40 分钟就能跑完全程。他很着急吗？

3. 1775 年 4 月 18 日（有说下午，有说深夜，具体不详），有一个神秘人物，几乎同时，向英国派驻马萨诸塞州的总督托马斯·盖奇告密说：波士顿的莱克星顿有人要"叛乱"，还有叛乱用的枪支弹药都在莱克星顿（火药库在康科德）。托马斯·盖奇是这片地区合法的最高行政长官，他就让 800 英国士兵，连夜去"平叛"。这个告密者是谁？

4. 1775 年 4 月 18 日的深夜，如果没有犹太银行家保尔·瑞维尔"连夜通知" 莱克星顿的美国民兵英军要"偷袭","恰好"也没有一个神秘的人物"深夜或白天告诉"英国总督托马斯·盖奇,莱克星顿有"叛乱者",1775 年 4 月 19 日（凌晨 5 点），会有"莱克星顿的枪声"吗？

图片说明：这是美国"莱克星顿的枪声"的民兵纪念雕像，雕像下面特别写了一行字："坚守阵地。在敌人没有开枪射击以前，不要先开枪；但是，如果敌人硬要把战争强加在我们头上，那么，就让战争从这儿开始吧！"从美国历史的真实出发，拿起枪的美国人主要是保护土地和家园，开始基本没有军事训练，特别缺乏纪律性。后人可能有这样的"美好愿望"，但当时不可能有铁一样的纪律和觉悟。向美国人民开"第一枪"的应该是英军领队少校史密斯（有说是中校弗朗西斯·史密斯）和部下，其后是一场混战，被共济会"自由之子"成员犹太银行家保尔·瑞维尔等人四处召唤来的美国老百姓拿起武器，共同打跑了英军，这种可能性更大一些。关键在于，听到"报警"的美国民兵试图拦阻（以便阻止英军抓人），但不相信英军会真的开枪，而英军凌晨 4～5 点，摸黑突然碰到持枪人员拦截，立刻就开枪了（当场打死 8 人，然后美国居民拿着枪从四面八方集聚过来，和民兵一起把英国人打得惨败），这就比较合理了。所以，犹太银行家保尔·瑞维尔等人的"连夜报警"，起到了很重大，也很复杂的历史作用。

5. 美国历史普遍记载是英国军人首先开枪，然后打了美国民兵一个猝不及防，激起民愤，最后被打败。大多是这样记载，应该没有问题，符合历史事实。英国士兵伤亡了 273 人，美国民兵（就是临时武装起来的老百姓）伤亡 93 人，英军失败这个史实没有争议，铁证如山。

（1）如果，"英军偷袭不成（反被伏击了）"就不会打得美国民兵措手不及，"激起民愤"，关键是这就引出了一个重大的历史谜案——"独立战争"打第一枪的历史责任，也就不是英军了？

（2）如果英军成功地"打了第一枪"， 犹太银行家保尔·瑞维尔连夜通知以后，美国民兵难道没有设伏兵，就等着挨打吗？那这种"连夜通知"，不就"仅具有象征意义"了吗？设了伏兵，又怎么会让英军打响第一枪？

这些都是假设，都是不合逻辑的历史之谜？

6. 犹太银行家保尔·瑞维尔如何在"告密者"1775 年 4 月 18 日深夜"告密"后（或下午），英军集结的短暂时间内，就得知了这一切。这个历史性的夜晚，他是在床上熟睡吗？"1775 年 4 月 18 日下午，波士顿，一个在马圈里干活的小孩听一个英国军官对同伴说："等着瞧吧，明天有好戏看呢！"小家伙赶紧跑到城北角的一个银器铺，把偷听来的消息报告给银匠保尔·瑞维尔。"（参考引用同上），美国历史有关这个事件的纪录大抵如此，但历史的真相果真如此吗？

不过，唯一可以确定的是：犹太银行家保尔·瑞维尔打响了"独立战争"第一枪！

第五章

"君主制"与"共和制"之争

一、由来已久的"弊端"

图片说明：美国"民间"出资雕刻的乔治·华盛顿、托马斯·杰弗逊、西奥多·罗斯福、亚伯拉罕·林肯雕像，仅林肯的嘴唇就有 6 米宽！这个雕像群在美国南达科他州境内西南部拉皮德城西南方的拉什莫尔山的东南坡，把整座山弄城雕塑，故称"总统山"。从 1927 年计划到 1934 年完工，历时 14 年（实际上 1923 年开始设计，1942年才正式开放），先后雇用了 360 多名当时顶尖的雕刻家，耗工不计其数，靡资无法计算，仅雕像面部碎石就运走了 100 万吨花岗岩！在人类社会崇拜统治者图腾的历史上，耗费之巨，前无古人，规模之大，后无来者，如此浩繁无益的工程在美国陷入"大萧条""金融危机"，无数原本还"体面的人"走上街头乞讨，到救济站排一天队就讨得一勺粥的时候，尤其可以看出出资者财大气粗，不同凡响。这些出资者却一直躲躲闪闪，至今不知道何人有如此大的手笔。

从欧洲古代，金融资本一直不断建立新的金融国家，又不断抛弃旧的金融国家，规模越来越宏大，资本越来越雄厚。从政治角度来说，一直存在"君主制"与"共和制"之争。早期来说，原因主要在于处于统治地位的是金融家族集团，处理金融日常政务的是"公推"的银行代理人。可由于银行家族相互之间处于永恒的兼并状态，处于代理人地位的"民选政客集团"就会做大，一些银行代理人家族也会做大（发明了金融僭主体制的美第奇银行家族就是威尼斯主流银行家族的失控代理人家族）。

从"第一金融国家·威尼斯共和国"的"十人议会与总督之争"、"第二金融国家·古阿拉贡王国"的"金融贵族与皇权之争"、"第三金融国家·尼德兰联省共和国"的"十七绅士与大执政之争"、"第四金融国家·英国"的"伦敦金融城与英国政府之争"，其名号各异、烈度不同，却惊人的一致。

第五金融国家·美国，是一个"完成了一个螺旋形上升的进化循环"的金融国家，似乎很像是"威尼斯共和国"的"扩大版"，但又在各方面都成熟了许多，进入了一个崭新的时代。从战略上来说，金融国家继续"进化"的通道已经消失了，因为资本凝结在美元体系或"金本位世界货币"此类名目的世界货币体系中达到了极限，已经彻底走到了私有制、市场经济和资本主义社会的对立面。但是，从战术来说，"君主制"和"共和制"之争，一直困扰着美国。这个问题的实质在于：美第奇家族开创的金融僭主体制，是一种幕后世袭僭主与前台"民选政府"相结合的统治构架，幕后金融僭主享有永恒的、绝对的世袭皇权，而前台的"民选政府"享有一定时间内的、有限制的政务权力。在这个构架中，金融僭主本来是最高权力，可在大多数社会成员眼中，"民选政府"是最高权力，这就形成了一个金融国家的痼疾——金融僭主家族与代理人集团之争。

有趣的是，随着金融僭主资本凝结逐渐走向终极，代理人集团反倒由于成了"资本凝结的目标"，而与世袭僭主逐渐对立了起来，这就让金融僭主体制出现了一个世袭僭主权力越大、资本越多，统治越不稳固的"奇怪"现象。

二、乔治·华盛顿的称帝失败与神秘死亡

（一）独立战争过程简介

美国独立战争大事列表（不包括上述法律，以免重复）

1. 波士顿倾茶事件，时间：1773 年 11 月 16 日

影响：北美独立运动开始形成大的思潮，出现武装化趋势，金融资本和现代共济会开始介入，"美英"冲突迅速升温。

2．第一届北美大陆会议，时间：1774 年 9 月 5 日

影响：犹太银行家、垄断北美茶叶市场的大茶叶商、现代共济会成员、共济会下属"自由之子"组织的创立者、赞助者和首脑之一约翰·汉考克被选为"北美大陆协会的安全委员会主席"（英属北美 13 个"定居点"，除佐治亚州都参加了），通过宣言，建立民兵。北美独立战争从一开始就由共济会和银行家主导，具有鲜明的金融热战的特征，也决定了后来美国、美国军队、美国政党的性质和华尔街在美国历次政治较量"不败神话"的原因。

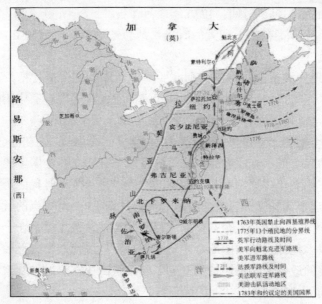

图片说明：1775～1783 年独立战争正式爆发后的战场示意图，这是 18 世纪英属殖民地的战略态势图，不是今天意义的"美国地图"。

3．莱克星顿的枪声，时间：1775 年 4 月 19 日凌晨

影响：1775 年 4 月 19 日夜，共济会"自由之子"的成员、犹太银行家保尔·瑞维尔等人"连夜报警"，"莱克星顿的枪声"响彻北美大地，拉开了北美独立战争的序曲（这时英国政府被拖下水，决策弹性和余地被压缩到了一个很小的空间）。

4．第二届大陆会议，时间：1775 年 6 月 15 日

影响：犹太银行家、共济会成员约翰·汉考克主导的大陆会议"安全委员会"决定建立，"大陆军"（不是陆军海军，是"北美大陆"的军队），共济会成员乔治·华盛顿为大陆军总司令（这时英国政府的决策弹性和余

地丧失殆尽，英国对自己领土的宣战极为尴尬和"艰难"，但已别无选择）。

5. 英国"宣战"，时间：1775.8.23～1775.12.22

影响：1775 年 8 月 23 日，英国议会宣布北美大陆协会等组织"违法"，同年 12 月 22 日，5 万名英军登陆英属北美殖民地，这标志着美英冲突全面爆发，更准确地说，这是以犹太跨国银行家集团为后盾的"北美大陆协会"与苏格兰跨国银行家集团为主要世袭股东的"英国东印度公司"之前矛盾爆发的时刻，是北美金融热战的开始。

6. 《独立宣言》，时间：1776 年 7 月 4 日

影响：战争正在热火朝天的时候，急急忙忙搞一个《独立宣言》"意义特别重大"：

（1）现代共济会成熟了，彻底脱离了古典共济会的桎梏，成了跨国金融资本，尤其是德国法兰克福发展起来的犹太跨国银行家族集团的"私有工具"，这也是后来有些"签署者"被枪杀、暗杀的原因。

（2）金融资本对欧洲影响很大，也建立过金融国家，但从来没有出现过一个明确信仰"光照者路西法"的组织公开建立一个国家的先例，这在基督教正统文化占据绝对主导地位的欧美，是一个划时代的历史事件。

（3）这个《独立宣言》由英属北美殖民地 13 个定居点的代表共同签署，56 个代表，却有 53 个共济会成员。其实，这根本就是一个共济会的"闭门会议"，但却反映出垄断金融资本支持下的现代共济会已经拥有了空前的在北美的政治影响力。他们开创了一个跨国秘密金融结社组织，建立一个国家的历史先河。

（4）现代共济会组织通过这个《独立宣言》排斥了非共济会成员的政治影响力，人为制造了一个"美国建国先驱团体"，那些流血牺牲的将士和默默支持他们的北美新兴资产阶级，却被巧妙地排除在北美未来政治高端之外（这不是指一般的"高端"，而是主导一切的幕后政治核心），这就让美国政治充满了戏剧性和不稳定性，也就不难理解为何美国总统每隔几任，就被杀掉一个（有的没死，个别运气好的没有受伤，但枪声不时响起，也离美国自我标榜的"民主政治"太远了一点），这种野蛮和血腥的背后，是金融僭主体制基础结构性失序的一种阶段刚性的自我调整。

（5）这个时候，美国大陆军处境很糟，军事溃败态势已经呈现，英军试图以军事压力促成美国独立集团的投降，这种可能性是存在的，而且局势远远比经过宣传和修饰的美国独立故事所描写的要严重得多。《独立宣

言》的抛出，切断了英国政治解决英属北美领地"问题"的后路，把试图投降的北美新兴资产阶级牢牢绑在了独立战争的战车上，让双方都丧失了"政治解决"的选择权。

英国政府一直很"尴尬"，也有做出退让的可能性，因为从英国角度来看，镇压"英属北美殖民"本来就是一个"影响北美长治久安的"不得已之举，军事胜利的意义远小于民心归属的意义，打败"大陆军"，顶多让英国东印度公司恢复在北美的管理权，与英国政府关系不大，建立英王直辖的北美领地，离不开人心，军事胜利的背后，恰恰是人心的远离，战术胜利和战略胜利出现了短暂的截然背离，这使得英国"胜利时接受北美自治"的可能性很大。当然，英国一定会有一个必不可少的附加条件——北美自治政府要接受英王管理，人事、军事、外交、司法都将"插上一脚"。可共济会抛出《独立宣言》以后，历史的选择就单一化了。

（6）美国从此建立。共济会建立美国是真实的历史。

图片说明：这是美国共济会成员本杰明·瓦斯特（Benjamin West，1738～1820）所绘制的"美英巴黎条约"（1783～1784年绘制）。左起是美国代表，共济会成员威廉·富兰克林（犹太银团派系）、约翰·杰伊（苏格兰银团派系，主要代表）、亨利·劳伦斯（犹太银团派系）、本杰明·富兰克林（中间派？主要代表）、约翰·亚当斯（犹太银团派系，主要代表）。英国代表奥尔瓦德等人为了避免背负签署"割让国土"条约的历史责任（他们回国也不承认，解释为"自治"，因此很快爆发了"第二次美英战争"），拒绝被画入，这幅画只有半边（右边的给涂抹了）。

7.《巴黎条约》，时间：1783 年的 9 月 3 日

影响：英国承认英属北美 13 个殖民地区"独立"（英国有一种解释是"自治"），且为了保证两大银团的妥协特别规定"双方公民对债权人所负债务有效"，美国初步成型（这个战争到 1815 年才宣告结束，美国才彻底独立成功）。

8. 北美大陆军"先输后赢"的秘密

在美国金融战役史中，不过多讨论军事细节，简要解释一下这个"历史之谜"，其原因在于：

（1）英国政府中的英格兰传统贵族政治斗争经验丰富，统治策略高明，战略深远，理智到了冷漠的地步，他们不打算按照苏格兰银行家的如意算盘进行，而是希望最好由英格兰传统贵族集团直接统治北美大陆，退而求其次则要让苏格兰金融贵族集团与欧洲犹太银行家集团相互制衡，最低限度也不能拼上血本（虽然话说得很"慷慨激昂"）。

（2）英国东印度公司与德国犹太银行家族本来就"交往甚密"，这个斗争使他们从一开始就很被动，他们整体的战略力量控制了英国和印度、非洲的一些殖民地，对手则控制了当时世界工业最发达的整个欧洲和北美 13 个英属殖民地（包括墨西哥的贵金属矿藏），他们利用英国政府的如意算盘"很不顺利"，也不希望英国军事贵族做大（这有可能威胁到他们"老巢"的安危），苏格兰银行家集团瞻前顾后，犹豫不决，没有动员全部力量与对手决战，错失良机，此后逐渐被欧洲犹太金融资本主导了（但没有完全融合）。更为有趣的是，他们还隐约出现过篡夺共济会北美果实的妄想（这与他们在共济会中有一些举足轻重的代理人有很大关系），一个不成比例的争斗，最终必然以失败告终。

（3）现代共济会，是以德国法兰克福"现代光照会"为基础的犹太垄断银行家族的跨国情报机构，已经脱离了古典共济会和古典光照会的初衷和组织结构，具有鲜明的"金融僭主家臣性质"，在欧洲各国网罗了很多重要成员。美国独立战争的"民兵大陆军"根本就是一个谎言，十几年后，英军一直打到华盛顿，美国民兵或者独善其身，或者望风归降，根本没有打仗的决心，因为他们并不关心北美是"英国银行家管理，还是美国银行家管理"，而更关心当年的收成和税率（很多人本来就是英国人，美国历史研究故意忽略这个问题）。这时，就发生了一个足以警讯千年的"历史奇观"：欧洲以法国的拉法叶将军等人为首的共济会成员，或怂恿国家动用国库参

与，或自己率"雇佣军"来到北美参战，保卫共济会。这直接导致了法国经济的崩溃（请参看"法国卷"），但欧洲北美的角力，在共济会这个跨国秘密金融情报机构的协调下，逐渐让"大英帝国"出现了战略透支，不久只好"投降"。

这就是为什么必须时刻警惕欧美跨国金融僭主家族组建的现代共济会渗透的原因，其不仅服务于寡头个人，而且有残酷的处死背叛者的誓言与条文（在一个听得见流水声的黑暗封闭的空间内，让"试图脱离共济会者"腐朽而死），这就打破了公民效忠国家，个人效忠民族的传统界限，构成了一个跨国效忠世袭金融皇族的"情报文化"。法国将军拉法叶实际上是美国的"国父"和大陆军指挥者，主力是法国军队，可他用法国的国库和军队，搞垮了法国经济，目的却是保障"共济会兄弟"在北美建国成功，他不是爱国者，也不爱美国，甚至不爱共济会，不过是现代共济会中的一个"忠于秘密跨国组织和僭主的石匠"。

（二）虚构的英雄

1. 英国军队中的秘密共济会成员

乔治·华盛顿（1732.2.22～1799.12.14）家族早年是英国泰恩·威尔郡华盛顿村的一个富有乡绅家庭（后移居北安普敦郡），属于中小金融贵族。1657年他的太爷爷约翰·华盛顿移居北美弗吉尼亚地区的威斯特摩兰县,，他就出生于此。他的家族几乎是早期金融资本在北美开拓的先行者。他和哥哥奥古斯汀都是英国军官，不过他一生没有到过欧洲。他父亲拥有后来被称作"弗农山庄"（Mount Vernon）的大庄园，去世后华盛顿的家庭有过短暂的财务危机（但他并不穷，1774年还捐赠过消防器械，当时还很稀奇，也比较贵）。

1754年，身为英国殖民地民兵中校军官的华盛顿被法军包围后投降，然后承认杀死了法国指挥官安森·朱莫维里（Ensign Jumonville），并签署了认罪书，挑起了残酷的"七年战争"（1756～1763年）。这场战争几乎是一次"世界大战"，涉及法国、俄国、普鲁士、奥地利、英国、葡萄牙、西班牙……战场遍及欧洲、美洲、菲律宾、印度……打成了一锅粥，各国死伤累累。从此，北美主要由英国东印度公司控制。乔治·华盛顿的副官是汉密尔顿，他们都属于苏格兰银团派系的共济会成员，这不仅反映了北美独立战争的复杂性，也埋下了独立后政治斗争的伏笔（这也是英国东印度公司产生"幻想"的原因——试图高端控制）。但这次出色的挑拨，华盛顿却不敢承认，推说自己"不认识法语"，不知道签署了什么文件（他是否认真读过，无法确定，但他学过法语）。

1759 年他退役，与一个比她年长的、特别富有的寡妇马莎·华盛顿（1731.6.2～1802.5.22）结婚，并抚育其前夫留下的一双儿女。有证据表明，华盛顿一直与其他女性秘密交往，马莎·华盛顿则默认这一点。自此，乔治·华盛顿跻身美国大富豪、大奴隶主的行列，还当上了弗吉尼亚州的下院议员（类似于后来的众院，因为 13 个殖民区是独立的）但身体健康的乔治·华盛顿却奇怪地绝嗣了（没有留下任何亲生子女）。

1775 年 6 月 15 日，共济会成员乔治·华盛顿身着戎装出席了犹太银行家、大茶叶商、共济会成员、共济会"自由之子"准军事组织的创始人之一、赞助者约翰·汉考克等人召开的第二次大陆会议，被约翰·汉考克的密友、共济会成员、茶叶生意合伙人、共济会"自由之子"团队的直接领导者约翰·亚当斯推举为北美大陆军总司令。

说句心里话，乔治·华盛顿并不是一个军事庸才，但属于普通军官之才，没有大兵团作战能力和天赋，大部分胜利的战役都是法国共济会成员拉法叶和法国军队打的，他们多次密会（请参看《古老的剑客——法国金融战役史》）。乔治·华盛顿指挥的战斗，胜利的多是"归其名下"，失败的却惨不忍睹。1776 年 8 月他在纽约战场中战败撤退，全军覆没；紧接其后的长岛战役（这是一系列的战斗），又把剩余的兵力丧失殆尽，与英军伤亡比接近 1∶4，整体甚至可能接近 1∶10。唯一的一次成功，可能和罗思柴尔德家族有关。

在《铁血骑士团——德国金融战役史》中有一个威廉伯爵（黑森领地，约在今德国"黑森州"），罗思柴尔德家族用他们的"雇佣军"在英国军队中"掺沙子"，史称"黑森雇佣军"（英国军队里面有配合他们的政治势力，请参看《雾锁伦敦城——英国金融战役史》）。"黑森雇佣军"很能打仗，可却在 1776 年 12 月 25 日圣诞节，被这个屡战屡败的乔治·华盛顿奇袭，基本摧毁，这个情报来源和黑森雇佣军"突然变弱"的战斗力的唯一解释，就是罗思柴尔德家族给乔治·华盛顿通了气。道理很简单：现代共济会此时大部控制在罗思柴尔德家族手中，大部分成员与古典共济会完全是陌路之人（所以有的古典共济会成员并不承认现代共济会是"共济会"，并且予以揭露和批判，斗争非常尖锐）。

但是，当英国被法国共济会成员率领的雇佣军，实际上是法国军队，因为以罗思柴尔德家族为代表的欧洲犹太垄断金融资本，已经控制了欧洲所有国家，一些现代共济会成员就策动法国、西班牙、荷兰先后对英国宣战，直接到北美，甚至全球与英国进行军事对抗，甚至不顾自身国情和财力（法国最后经济都垮了，法国国王根本就控制不住军队，财政大臣公开由瑞士银行家出任，请参看《古老的剑客——法国金融战役史》）。这种不正常的现象，由欧美金融集团一手导演，"荣誉"必须要归于一个"偶像人物"。共济会成员法国将军拉法叶，有一定的民族思想（他隐约有一种在北美拓展法国资产阶级革命势力范围的朦胧概念），并不是"合适的人选"（他"不甘寂寞，恃功傲主"，结果全家遭遇灭门之祸，他和一个小儿子侥幸外出，得以活命，后心灰意冷，为了保全他和儿子性命，不敢和共济会组织撕破脸，默默地退出了政治舞台。共济会后期对他这个"识时务者"还不错，他去世后，又树立他为偶像，令人欷歔不已）。

　　"土生土长"的乔治·华盛顿就成了一个合适的人选，一切荣誉和军功都归属于他。这里还有一个"小秘密：乔治·华盛顿这个人兼有苏格兰银团的背景，他挑起"七年战争"的受益者，就是英国东印度公司（北美13个英属殖民地的管理者）。早期扶植他作司令，就有软化苏格兰银团反弹的含义，说白了有某种"强势分赃"的意思。也就是说，要表明犹太跨国银团虽然依托强势（主导苏格兰银行家的地盘），但并不打算在北美吃独食，而是要建立一个罗思柴尔德家族领导下的欧美跨国银团（后来事实就是这样）。这样，不论独立战争中，还是战后，乔治·华盛顿都成了一个兼顾各方面子的"中间人物"（苏格兰银团整体犹豫不决也在于此，一半无奈，一半上当）。可这样一个复杂的、轻松游走于各种复杂势力之间的"多面手"，就真的没有野心吗？

（三）"乔治·华盛顿的野心"与"银行家的力量"

　　这句话经常被引用，以此证明华盛顿和现代共济会（下简称"共济会"）的关系，但不能由此认为华盛顿对共济会很"忠诚"，因为这句话恰恰发生在他试图背叛共济会称帝之后，是一种"悔过的言词"。共济会这种秘密组织都有一个特点：**入门见利、背叛者死**。人见利而不见害，鱼见食而不见钩，乔治·华盛顿这段历史不仅是第五金融国家的建国缩影，也是美国金融战役史中的一个谜案，足为后来者戒。

开国的苦斗——美国金融战役史

乔治·华盛顿于1752年11月4日在弗吉尼亚州加入共济会，年仅20岁（唯一的解释就是这和他的家庭有关，有"世家"的可能）。此后，他一直努力要进入英国军队，这在当时崇尚金钱的历史时期，有点"不合潮流"，可后来发生的一切说明：华盛顿并不简单。1752年他仅是个共济会入门"石匠学徒"（"Entered Apprentice"，这都是共济会的内部用语和等级），1753年3月3日，仅100多天以后，他就被破格升级为"助理石匠"（Fellow Craft）！仅150天以后，他又被破格升为"石匠大师"（Master Mason）！年仅21岁的"石匠大师"华盛顿不负众望，第二年（1754）就干掉了法国指挥官安森·朱莫维里，挑起了震惊世界的"七年战争"（1756～1763年）。

1777年，乔治·华盛顿率领的美国大陆军在他的指挥下几乎全军覆没，躲在佛吉谷（Valley Forge），没剩下几个人了。此时共济会正在拼命地动员欧洲力量，但各国援军还没有到（华盛顿不懂大兵团作战，上来就硬拼，基本上已经全军覆没，山谷里的几个人都不敢出去）。这个时期，是公认的"美国大陆军"士气最低的时期，其实"美国大陆军"已经基本不存在了，后来的是共济会成员法国将军拉法叶的法军和训练有素的美国新军。为了鼓舞这位躲在山谷里的"美国大陆军司令"，共济会特别破格提拔他为弗吉尼亚州的"石匠总师"（grand master），也就是让他当了入会地区的共济会最高领导人。这个消息可能用某种手段通知了他（不然就没有意义了），但乔治·华盛顿"没有到任"，因为他已经在山谷里躲藏，根本没有军事突围的本钱了。不过！也许这个破格提拔还是有用的，因为他没有冬装、没有药品、没有食物，却也没有投降。

当共济会在欧洲各国的力量组织起来，联手打击英国，独立战争的局势已经趋于明朗化的1780年，美国宾夕法尼亚州的共济会组织提议由乔治·华盛顿出任北美共济总会会长，却没有被通过。这件事意义重大，反映了罗思柴尔德家族已经感觉"大局已定"，就开始抛出"肥皂泡"了，这有3种可能：

1. 乔治·华盛顿自己要"独立山头"，争夺独立战争的胜利果实。

2. 少数苏格兰银团派系秉持英国东印度公司的意思，在战局已定的情况下，提前开始了扶植"代理人"的行动，可能"扶"华盛顿是"表"，分化欧洲德国法兰克福犹太银行家集团主导的美国共济会是"里"。

3. 罗思柴尔德家族给华盛顿一个信号：你要听话，战后不翘尾巴，你就是北美共济总会的会长（这个总会还没有成立，是专门提议为华盛顿设计的）；你要不听话，"谁提议也没用"！

这个"肥皂泡"可能是很多势力出于各自的目的联合"吹"的，又诱人，又恶心人！乔治·华盛顿能不生气吗？他认为自己的功劳，你不提也就罢了，提了，又否了，"吃了吐"——先捧后贬，故意恶心人。

如果乔治·华盛顿能够冷静下来，就会感觉到危机已经向他逼近。自古"飞鸟尽、良弓藏，狡兔死、走狗烹，敌国灭、能臣亡，功盖天下者不得赏，声名震主者身必败。"可他不是中国人，头脑里没有中国文化底蕴，只是一个敢于刀尖舔血的西方政客，面对政治压力和隐含威胁，他不是"急流勇退"，而是"铤而走险"，这没有什么好坏之分，属于文化不同。如果他成功了，罗思柴尔德家族的势力会被一扫而光，反之亦然。乔治·华盛顿开始一场豪赌！赌注是他的生命，赢了他就是美国皇帝！

当时，英国东印度公司控制的领土、人口、资源很大，如果盘踞在英国伦敦金融城的苏格兰银行家集团豁出破头撞金钟，拿出真金白银坚定支持英国政府在北美的战争，罗思柴尔德家族想要获胜，也绝非易事，打上几十年都有可能（有关"英国东印度公司"这类欧洲跨国公司的实质与特权，请参看《海上马车夫——荷兰金融战役史》、《雾锁伦敦城——英国金融战役史》）。"独立战争"是一场幕后交易、金融较量、军事摊牌并举的金融热战。尤其在后期，苏格兰银行家集团与德国犹太银行家集团达成了某种妥协，这就导致北美共济会内部出现了一个倾向于哪一方的问题。苏格兰银行家集团虽然财力不如罗思柴尔德家族为首的欧洲垄断金融资本集团，但出钱拉拢一些个人却绰绰有余（而且既然达成了妥协，对手也不好过分干涉）。很快，乔治·华盛顿的副官、共济会成员、美国宪法的起草者、美国第一任财政部长、美国开国元勋之一"亚历山大·汉密尔顿"（1757.1.11～1804.7.12）就成了一个重要的人物。史称"制宪派"。 亚历山大·汉密尔顿等人被称作"开国元勋"，也是共济会成员，但共济会召开闭门会议推出"独立宣言"时，却没有他。

他又扮演了什么角色，以至于被美国副总统小阿龙·伯尔公开枪杀在任上呢？这和乔治·华盛顿又有什么关系呢？

（四）错综复杂的金融苦斗

华盛顿由于心怀不满，又被捧上了天，野心空前膨胀。他深知汉密尔顿与英国的密切关系，就用此人为桥梁与苏格兰银行家主导北美事务的图谋遥相呼应。他亲自任命"制宪派"的领军人物汉密尔顿为第一任财政部长（共济会哥伦比亚大学派系）；"制宪派"二号人物约翰·杰伊（1745～1826，共济会哥伦比亚大学派系）做首席大法官（1789）；并努力扶植了"制宪派"三号人物詹姆斯·麦迪逊（1751～1836，共济会新泽西学院派系，也就是后来的"普林斯顿大学"），把他当作亲信，可惜他看走眼了。此3人均是共济会"兄弟"，这样共济会内部也没什么好说的，但罗思柴尔德家族为首的犹太跨国金融资本会"买账"吗？这叫"拉山头"，有"拉山头"，就有"平山头"。

另一方面，这个时期对于罗思柴尔德家族、共济会都是一个波澜壮阔的大分水岭时期，年轻的梅耶·罗思柴尔德（1744～1812）本来仅仅是德国犹太光照会选择的一个"公共理财人"和"公推代言人"，他在几十年的时间里，将一切归为己有，并排斥和打击古典共济会，又分化了现代共济会，以至美英的共济会组织脱离了古典共济会体系，罗思柴尔德财团也仅仅服务于自身的家族利益，共济会反而仅仅成了一个"旗帜"和驯服的僭主工具，这个"反客为主"的伟大棋手就是梅耶·罗思柴尔德，这个历史阶段对于罗思柴尔德家族来说，则是一场颠覆和瓦解共济会体制和欧洲银行家联盟的金融战役。可谓：戏中有戏，局中有局，计中有计。螳螂捕蝉（英国东印度公司从英国政府手中夺得了北美的"管理权"）、黄雀在后（结果给欧洲犹太银行家集团做了"嫁衣"），年轻志大、才智深远的梅耶·罗思柴尔德因势利导，巧妙了摘取了胜利果实，逐渐控制欧美的货币发行，建立了一个庞大的跨国金融僭主体制。

1. 两条道路之争

美国建国时，英美金融集团斗争尖锐复杂（此时双方还没有融合，20世纪时就没有此类矛盾了），一切"题目"都可以用来"政争"，内容反而不重要，人权和事权才是关键。由于美国银团过早的"削权"，导致了乔治·华盛顿不满，结果让英国银团有了可乘之机，凭空在北美共济会上层弄出了一个"保皇派"。当时，美国金融资本并不想建立一个政权实力强大的美国，主要害怕几乎和欧洲一样大的美国一旦建立一个政客集团，会尾大不掉，重走前几个金融国家的老路。他们试图复制一个松散的"尼德兰联省共和国"。可汉密尔顿的"制宪派"却抛出了一系列文章，后来有人整理在一起，史称"联邦党人文集"［参考文献：（美）汉密尔顿，杰伊，麦迪逊著，程逢如，在汉，舒逊译.联邦党人文集.北京：商务印书馆.2004］，反对当时的

《联邦章程》，主张建立一个"强大的美国"（这个"强大的美国"当然是由乔治·华盛顿出面执掌了）。

约翰·杰伊深刻地指出："联邦章程规定美国国会有权宣战，但却无权征慕士兵或金钱来维持作战的需要；它有权议和，但却无权控制和平条约的满足；它有权结盟，却无权完成联盟的义务；它有权签署贸易条约，却无权在国内外遵守条约。一句话，它可以顾问、劝告、要求和请求。谁愿意（才）去理会它。"这里说句题外话：有人对美国有一种误解，说美国可以"民告官、下级告上级"，并用这个谎言来"证实美国的民主"，事实上当时这个问题经过严肃的讨论，约翰·杰伊等美国法官明确规定：美国下级州政府必须服从美国中央政府。后来美国宪法第 11 修正案明确规定美国个人无权向最高法院起诉州政府，也就是说：**美国法律体系从来就不允许"民告官、下级政府告上级政府"**。

这里必须要明确一个问题，"制宪派"不过代表着共济会内部的苏格兰银行派系，并不是什么"进步力量"，他们的观点后来也被美国银行家集团接纳了，因为他们发现美国缺乏固有门阀体系和文化，局面很好统治，不需要"分散治之"。但美国的宪法却由此 3 人，主要是汉密尔顿主笔，因此后来美国华尔街和政客集团对宪法一直不买账，美国总统小布什就曾经公开说："宪法不过是一张纸"［参考文献：（美）艾朗·拉索.《美国的转变》.华盛顿：艾朗·拉索制片.2006］。

2．乔治·华盛顿的两次失败——皇帝梦的破碎

（1）"美国国王"之梦

1780 年，共济会中的"一些人"提出建立北美共济总会，让华盛顿出任"总会长"，被否决了。此后，可能是察觉到了华盛顿的不满，于是开始收紧对北美大陆军的财政资助，好在战争经费主要由法国、荷兰等国家承担，并不影响北美独立战争的结果。不过也带来一些"变化"，原本"无私帮助"的法国拉法叶的部队变成了"雇佣军"，让美国政府莫名其妙地欠下了一笔巨额债务，后来美国总统、国会的工资都发不出，要靠犹太银行家哈扬·所罗门（1740～1785）的"赞助"，可见问题的严重性。1781 年美国独立阵营中遭受打击最大的是乔治·华盛顿领导的"真正的北美大陆军"，而在北美军人集团中承受能力最弱的就是"伤残军人和中下级军人集团"，到了没饭吃，没衣穿，没钱看病，没钱养家的程度，乔治·华盛顿的统治基础就动摇了。

开国的苦斗——美国金融战役史

　　华盛顿虽然不是拿破仑那种善于大兵团作战的将官，却是一个极为出色的政客，他立刻就感觉到问题的严重性。1780年建立"北美共济会"（"自立山头"）并亲自出任总会长的图谋没有成功，仅仅是"某种不好的迹象"，而美国银行家集团的"断血"，则可能立刻印发军队叛乱，这可是当头一棒了！于是他怂恿亲信费城警备司令尼古拉上校在1781年8月在军事会议上大发牢骚，似乎矛头直指华盛顿本人。华盛顿本人曾经说过：军粮再不运来，仗没法打了，可购粮款却被银行家"停止"了。开会的高级军官，包括华盛顿本人都没有军饷了（他一直声明不要薪水，他也的确不需要），他有钱、有农场、有家底，没有家底的高级军官吃饭都成了问题，历史记载：华盛顿几乎众叛亲离。

　　这一方面说明银行家"断血"的厉害，另一方面也反映了华盛顿的政治天才，本来是一场危机，他却因势利导，来了一个"峰回路转"。1782年2月，他的亲信尼古拉上校就给"乔治·华盛顿"发"公开信"——"逼迫乔治·华盛顿称帝"，这是一场上演过无数次的政治闹剧，但在年轻的美国则是第一次上演，算是正剧吧。尼古拉上校是北美大陆军中的实力派，他本人不仅是费城守备军司令，还拥有出版公司、图书馆和杂志（《美国》），是一个富裕的、大陆军中极少的英国军人世家子弟。他是爱尔兰人，祖辈军人，英国军队比较腐败，他父亲给他买了一个军衔，参军后官至金赛尔要塞少校司令官。他是华盛顿手下特别宝贵的军事干将，也是华盛顿的亲信（"尼古拉和华盛顿的私交很好，算得上军中亲信"，参考文献：京虎子著.从华盛顿到奥巴马——美国200多年来的家族政治.北京：新华出版社，2009）。

　　此时，战局对北美独立一方绝对有利，但华盛顿手下听话的北美大陆军却让他指挥得"死的死、伤的伤"，由于没军饷、没吃的而人心涣散。正在养精蓄锐，一等英国战败退出，法国军队回国后，可以立刻拉得出，听命令，也有强大战斗力的部队，则是北美战略总预备队。它装备相对精良，有很多有经验的"伤兵"做军事骨干，部队齐装满员，总司令就是华盛顿的亲信尼古拉上校，也是组建者，"非常顺手"。所以，不能说1782年，也就是英国投降前一年华盛顿的称帝行动是蛮干，是冒险不假，但华盛顿还是点本钱。

　　只有尼古拉代表军队的劝进信还不够，华盛顿又让原来的军事秘书汉密尔顿，以大陆议会议员的身份在1782年2月给他发了一封"劝他当皇帝的公开信"（虽然没有写明，但意思与尼古拉上校相同，是故意给别人看的，不然他的中校情报副官有"建议"，不会写"公开信"）。但是，共济会早就发现了乔治·华盛顿的小把戏，安插了一个"二把手"——战争委员会主席、北方军团司令霍雷肖·盖兹。此人也是共济会成员，是犹太银行家、大茶叶商约翰·汉考克的茶叶贸易合伙人塞缪尔·亚当斯的密友，亚当斯在 1777 年甚至曾经想用霍雷肖·盖兹取华盛顿而代之。但是乔治·华盛顿却很信任此人，因为他们是原来一起在英军中服役的老战友，曾经出生入死，不认为他会背叛自己，还把盖兹看成心腹。他任命霍雷肖·盖兹为北美大陆军参谋长、加拿大军团司令（1776）、北方军团司令官，这种官职一人之下，万人之上，除了乔治·华盛顿就是此人。

霍雷肖·盖兹并不否认与犹太银行家的关系，对乔治·华盛顿言听计从，比谁都"忠心"。为了挑拨离间，有一个议员公布了一封盖兹的"私人信件"，信中对华盛顿的指挥能力大加贬损，这件事令华盛顿很不高兴，但也并没有对"老战友"产生怀疑。霍雷肖·盖兹公开指责汉密尔顿偷信，因为汉密尔顿是美国秘密情报首脑，但汉密尔顿予以否认，这是一个历史疑案。整体来说，乔治·华盛顿对霍雷肖·盖兹是非常信任的，他辞去"北方军团司令官"，又让他当"东部军团司令"，反正不会想到他是共济会监视他的"卧底"。

乔治·华盛顿本来想借着官兵无饷、无粮的当口，挑动一场军事政变，自己则在尼古拉和汉密尔顿等人的拥戴下，荣登北美皇帝宝座。在此之前的 1782 年 12 月，他让最亲信的将军亨利·诺克斯将军跑到费城大陆会议公开提交了一封信，大意就是：你们再不给军队钱，军队就可能哗变——这已经是政变的序曲了。

可是，就在"劝进信"横飞的时候，他最信任的老战友霍雷肖·盖兹和副手约翰·阿姆斯特朗将军在 1783 年 3 月 10 日秘密召开军官会议，试图取而代之，这件事被华盛顿知道后表示了强烈的不满，可大势已去。霍雷肖·盖兹以"大陆军代言人"的身份向议会财务负责人莫瑞斯要钱。乔治·华盛顿要钱时，议会同意了，莫瑞斯说没钱。霍雷肖·盖兹要钱时，议会财务负责人莫瑞斯立刻给了一些，军队的心一下子就凝聚到了霍雷肖·盖兹身上。因为一开始军队中下层的确弥漫着一种自发的要求总司令乔治·华盛顿当皇帝的想法，因为只有这样才能保证伤残补助、军饷，这是对的！后来的确因为银行家的金融盘剥爆发了"谢司起义"。可华盛顿两次"拒绝"

（根据中国历史的类似情况，至少要拒绝 3 次，有的甚至要拒绝几十次，以示清白和不得已才做皇帝），而霍雷肖·盖兹立刻弄来了军饷，这就让他错失了历史机遇，与美国王冠失之交臂。5 天后，1783 年 3 月 15 日，霍雷肖·盖兹主持召开军官会议，讨论军饷和军队事务，根本就没有乔治·华盛顿什么事了——他被美国银行家集团搞垮了，把在那里当"佛龛"，此后乔治·华盛顿一直是度日如年。

几个月后，1783 年 9 月 3 日《巴黎协议》签署，英国投降了。乔治·华盛顿只好在纽约 1783 年 12 月 4 日发表了"告别宣言"，1783 年 12 月 23 日正式辞去一切军队职务，"归隐田园，务农去了"。

1783～1787 年，应该是华盛顿很幸福的时光（当然野心很大的他不一定这样认为），这位美国国父娶了一个比他大的寡妇并没有错，这个巨大的庄园有 48000 亩，是个大奴隶主，独立王国的"国王"，可以生杀予夺，但并没有满足他的"官瘾"。1787 年，他出面主持了"制宪会议"，巩固了汉密尔顿等人的"制宪派"在美国议会中的地位，虽不能称帝，但也独树一帜，另立了一个"山头"。

（2）"终身总统"之梦

第三金融国家，尼德兰联省共和国名义上是共和国，实际上是帝制，不过，不叫国王，叫"执政"。由于银行家的残酷和无耻，历史又给了华盛顿一个机会。

霍雷肖·盖兹 1783 年 3 月 10 日，发动军内政变，把老上级、老战友、老朋友、共济会兄弟乔治·华盛顿推翻了。他弄来了一些钱，但主要是骗。他告诉那些伤兵和军官战后议会就会解决生活问题，目前还在打仗，要"顾全大局"。这时，银行家就在美国各地"提供资金援助"，兵荒马乱时生意不好做，伤兵又丧失了工作能力，于是大量接受"援助"，"援助"的利息高达 20%～30%，但士兵和家属们以为霍雷肖·盖兹代表大陆议会，书面许诺的遣散费、抚恤金、欠发军饷一定不会失信，于是纷纷借贷度日。

几个月后英国人果真走了，可美国议会从此赖账不还（这笔钱至今不还），而且美国今天对伤兵也不是给一个很好的终生福利，只是采用"总量控制"，也就是每年拨多少钱，没有了，就自认倒霉。这样银行家的贷款就更加重要了，美国大陆军战士主要来自要保护自己土地的农民和中小手工业者，还有少数职业军人和新兴资产阶级子弟，他们被迫大量向美国银行家借贷，很快就开始借新债还旧债，这就是一个债务金融主义的雏形。还不起的时候，银行家就"依法"起诉，法院就"依法"判案，没收土地、住房、牲畜，还不够就抓人，然后等着家属还欠款来"赎出罪犯"，这不是"合法绑票"吗？金融压榨非常残酷，对待那些为美国独立而残疾的老战士尤其毫无人性和天良！

1786~1787年，独立战争的老战士谢司，就是领着一些家属砸碎了监牢锁，救出家人，然后被迫"起义"了！这种矛盾多么尖锐，被欺骗的美国人民和军人又想起了乔治·华盛顿！银行家集团和汉密尔顿"共济会制宪派"，也都有此意，在这种历史背景下，华盛顿二次出山！

乔治·华盛顿1789年、1792年两次"选举人团"全票通过，但实权不大。他和汉密尔顿等人的"共济会制宪派"在美国议会和共济会内部都很孤立，都是极少数派！不过银行家给他开出的价码极高——年薪25000美元（50克的金条500根，或125000亩农田）。

但是，1797年任满后，他黯然离去。

3. 乔治·华盛顿的神秘去世与"华盛顿集团"的分化、崩溃与变质

（1）金融斗争中的历史泡沫

乔治·华盛顿不愧是一个英雄人物，他表面上精心扮演超然者的角色，却一直扶植自己的密友、美国大陆军军事情报首脑汉密尔顿的"宪法党"。汉密尔顿从1789年，就被任命为美国第一任财政部部长，直到1795年，被迫辞职。

汉密尔顿缔造了美国财政部，也把其变成了一个美国秘密情报机构，一个看似国有实则服务于银行家利益的独立情报王国,控制着美国的金融、货币、税收、预算、情报、内卫（后来美国总统和家属的内卫一直由"财政部特勤局"控制，虽然目前名义上又给了美国情报总局，但实际上没有变化），就是一个"独立央行"，这也是美联储"继承"的权力！这就是为什么后来美国华尔街、美国财政部和美国中央情报局是一批人的原因。汉密尔顿身为美国军事情报组织的开山鼻祖，开创了一个武装到牙齿的、"国有私营"的金融情报体系，美联储股东拥有的所谓的"美国国税局"拥有强大的武装力量，税收员持枪，很多人不理解，误以为是一个"税收机构"，实际上是华尔街的一个武装金融集团。因为美国政府、议会和法院没有任何授权和法案，所谓的"美国国税局"只是美联储股东拥有的私人机构，这是美国社会一个重大的弊端和肮脏的秘密（详见拙作《货币长城》），而这个畸形的金融僭主体制，却出自汉密尔顿之手，美联储券上印有汉密

顿的头像，很多人不知道他有什么特殊的"贡献"，还误以为美联储"尊重宪法"（《美联储法案》本身就违反美国宪法）。所以，汉密尔顿和华盛顿等人，不代表"正义的一方"（甚至可能更糟糕），仅仅代表银行家集团内部斗争失败的一方，汉密尔顿本人就从来不尊重宪法，只是华盛顿手下的一个秘密警察首脑。

尼古拉上校、汉密尔顿等人试图建立的一个"王国"，不是"帝国"。所以宪法党后来演变成了联邦党，其实是"宪法党"三杰中的詹姆斯·麦迪逊"叛变"所致！共济会元老托马斯·杰弗逊建立"民主共和党（1790）"，汉密尔顿立刻就搞了一个"联邦宪法党（1792）"，但后来有人称之为"宪法党"，有人称之为"联邦党"，这是不同的。汉密尔顿要搞得是君主制，本质上是要把苏格兰银行家集团控制英国政府的那个模式拿到美国来，由华盛顿当一个"名义臣服于英国皇帝"的"美国国王"，这就是所谓的"宪法党"，也可以看做是"联邦宪法党"中的"保皇派"。

詹姆斯·麦迪逊开始如此，但他发现大势已去，就秘密投靠了美国金融资本，他也是"美国民主共和党"的建立者之一，他把"联邦宪法党"变成了一个配合"美国民主共和党"的"反对党"，他和托马斯·杰弗逊都是"美国民主共和党＋联邦宪法党"的创始人，这是一场史无前例的荒谬闹剧，哪有什么"美国式的民主选举"。

詹姆斯·麦迪逊得到了银行家和共济会的"奖励"，当了两届总统，1836年6月28曰，在弗吉尼亚州的庄园中去世。他留下一个"美国遗产"，就是"普林斯顿大学"这样一个美国高校，甚至整个美国学术界的广义控制体系。曾经有一个研究美国教育的学者说："普林斯顿大学才是美国根底最深的大学"，那时笔者不理解，后来慢慢才知道是怎么回事。

所以华盛顿的政治支柱仅剩下汉密尔顿和杰伊。杰伊被华盛顿扶植成美国大法官，虽然汉密尔顿在美国政府安插亲信，可美国的运行并不依赖于美国政府，效果不大，他也"步履维艰"。1794年杰伊辞去了美国大法官职务，名义上是为了当州长，实际上主动退出了美国政治决策中心，急流勇退了。1829年5月17日，离开了人世。

汉密尔顿则是"制宪派"的首领，他是"联邦宪法党"中的"保皇派"代理人。华盛顿1789年复出，到1791年，一直"不直接插手政事"，汉密尔顿实际上是美国这个时期的"总统"，他控制着美国的情报机构、财政金融，一直斗争了很多年，直到1794年，杰伊主动退出后，他独木难支，只好于 1795 年 1 月 31 日离开了"美国财政部长"的宝座（那个时期这个位置相当于今天美联储的所有权力、美国所有情报机构的权力、美国国税局的权力、美国财政部的权力，非常之大，比今天美国总统的权力大得多）。他虽然去职，可还有一个政治势力存在，一直代表苏格兰银行家集团说话。

"共济会制宪派三杰"的詹姆斯·麦迪逊，在乔治·华盛顿复出时，就公开投靠了犹太银行家在美国政府中的代理人托马斯·杰弗逊。他利用曾经是汉密尔顿密友和政治伙伴的特殊关系，频频制造汉密尔顿的"丑闻"，行为很醒醒，出卖昔日朋友不择手段，但也引人深思，这里举两个例子：

①1793 年，他收买了汉密尔顿的"连襟"（他妻子姐姐的丈夫）雷纳德，这是一个品行恶劣的人，让他的妻子（也就是汉密尔顿的小姨子）去找汉密尔顿，然后就"住在一起了"（也有的说他"小姨子"本人从坏蛋丈夫身边跑开，找汉密尔顿去借钱，然后旧情复发，因为他们两个原来曾经有过感情），然后雷纳德就开始敲诈汉密尔顿，足见此人是个十足的恶棍。这时，雷纳德突然"案发了"，因为金融诈骗罪被关进监狱，汉密尔顿恨得不行，美国情报机关的首脑哪里是好惹的？可汉密尔顿的"前好友"詹姆斯·麦迪逊"不知如何"，反正得到了一封来自雷纳德的信件，里面说金融诈骗和汉密尔顿有关，然后托马斯·杰弗逊等人就开始公开调查，搞得汉密尔顿很被动，有苦说不出（被要挟辞职了，似乎还有一些"信件"没有被公布，人在动情时，难免写下一些肉麻的情话，汉密尔顿又好此道，一下子跌入了红粉陷阱）。

②1796 年，汉密尔顿试图问鼎总统宝座之际，记者詹姆斯·考兰德发表了一个小册子，上面全文刊载了汉密尔顿早年给情人门罗的情书，虽然汉密尔顿予以否认，但这封信的确是他写的（他以为是情人门罗把信卖给了记者，曾经前去"讨个说法"，这个女子可能的确收钱了，而不仅仅是"失盗"）。詹姆斯·麦迪逊临终前，发出忏悔，向汉密尔顿的妻子道歉，要求得到宽恕——这封信是他偷的，并交给了记者，用来诋毁好友汉密尔顿，这件事才真相大白。詹姆斯·麦迪逊此人做的这件事，深刻地反映出共济会"兄弟"之间，甚至同派系之间的虚伪和险恶，也说明此人非常可怕。不仅如此，詹姆斯·考兰德这个人不久（汉密尔顿把他弄进了监狱，罪名是"攻击美国国家领导人"，杰弗逊上台后，把考兰德给放了，这时汉密尔顿已死，詹姆斯·麦迪逊又开始"琢磨""新朋友"了），又抛出了另一个"惊天新闻"，詹姆斯·麦迪逊的"新朋友"杰弗逊在妻子"病故"

后，与黑人女奴有染，并生有子女。杰弗逊可没有汉密尔顿的耐心，詹姆斯•考兰德不久就"醉酒失足落水而死"。这可能也"提醒"了詹姆斯•麦迪逊，他从此再也没有公布过"新朋友"的丑闻，真心实意地归附了犹太银行家集团，成了美国金融资本早期的忠实代理人之一。

汉密尔顿从独立战争开始，就是美国大陆军的情报首脑（1798年，华盛顿利用自己在军队中的影响和美法军事对峙的机遇，成功地让汉密尔顿成为美国军队总司令。这实际上是"称帝"、"终身总统"失败后的，"幕后执政"图谋，明显违背了华盛顿1797年给共济会的忏悔信），又在乔治•华盛顿的庇护下经营了这么多年，虽然没有官职，但能量绝对不可低估。虽然1797年，犹太银行家成功发动了一次金融战役，导致"制宪派政客集团"的地产、股票、投资几乎全部损失殆尽，但"船破有板，板破有钉，瘦死的骆驼比马大"，汉密尔顿集团还有慢慢恢复的可能，所以他必须死。汉密尔顿于1804年7月11日（可能在12日凌晨去世），被时任副总统小阿龙•伯尔公开枪杀，年仅47岁（这也是一个复杂阴谋的结果，与本书无关，就不多说了）。

后来，这个存在于"联邦党"中的"保皇派"，也就是忠于苏格兰银行家的共济会派系，又脱离了"联邦党"，成了"美国辉格党"，最后自然就泡沫化了。有趣的是，英国辉格党是苏格兰银团的代言人，属于"制宪派"（后来逐渐演化为"自由党"），"对手"是"托利党"（可以看成是当时的"保皇党"，实际情况要复杂一些）。可是，美国的"辉格党"则属于"保皇党"了，因为英国"辉格党"的"制宪"和"自由"，是"君主立宪制度下的苏格兰银行家的自由"，而"美国民主共和党"根本就不打算搞"君主立宪"，更不会承认英国"皇帝"。

由于美国金融僭主体制必须给美国人民一个"虚假的民主选择"，"美国民主共和党"就"分裂"了，成了"美国民主党"和"美国共和党"。

（2）失败的英雄——死于愚昧，还是暗杀？

华盛顿在汉密尔顿1795年辞职后，就知道一切都完了。他很害怕，就在1797年给犹太银行家约翰•汉考克等人盘踞的马萨诸塞州共济总会写信"明表忠心，暗则忏悔"："我对兄弟般社团的依赖促使我一直尽最大的努力为它带来荣誉和繁荣。"

共济会是否原谅了他？这是个历史疑案。

①死于愚昧？

中国、印度、古埃及、北美印第安王国很早就发展出了复杂的医药体系，中医则是古代医药体系中最完美的典范。但欧洲一直没有建立任何医药体系，甚至比古希腊时期还倒退了，优秀的医生不少，但没有完整的医药文化和体系，巫医横行，迷信充斥社会各个阶层。放血疗法中医也有，但主要是"刮痧"（就是拿个木梳刷皮肤，让皮肤有点点出血的痕迹，个别放血的例子也"量极少"，心理暗示的成分很大，并且多用于毒蛇咬伤、毒药排除，不是什么都用，也很少用）。欧美则不同，从古希腊开始就系统地、大量的、直接的"放血"。法国特别崇尚此道，路易十五名义上是死于天花，但实际上是被放血疗法害死的（1774），全身血液基本枯竭。

　　1799年12月14日，华盛顿感觉咽喉不适，就是轻微的感冒。他特别信欧美巫医的放血疗法。然后就是一个真实又很恐怖的场面。医生给精力旺盛的华盛顿的耳后放上硕大的水蛭，让它吸血，同时将斑蝥放在华盛顿的喉咙上，蜇出水泡后，搔破放血！67岁的老人，这么折磨，就躺下了。由于"病情加重"，"医生"（如果不是杀手的话）就开始加大"治疗力度"——割破华盛顿的静脉放血！开始被水蛭和斑蝥"治疗"后，华盛顿很难受，但也就是皮肉之伤，可第一次静脉放血后，乔治·华盛顿就昏过去了，"失血性休克"，于是"医生"开始"急救"——大量放血！总共3次放血"治疗"后，累计放血2300毫升！1799年12月14日23点30分左右，乔治·华盛顿全身血液能够被放出来的基本被"放出"，约占人体血液的50%。余下在肌肉、骨骼、软组织、内脏、脑组织等里面"保留"，2300毫升已经把人可以流动的血液弄"干"了。美国国父乔治·华盛顿被"医生"放干血液而死，终年67岁（参考文献：吴雨编辑."放血疗法"害死华盛顿.湖南长沙：健康必读.2007，1）。

　　②死于暗杀？

　　美国对于乔治·华盛顿，有很多诋毁之辞。比如一些有关汉密尔顿"秀美"之说，就是在影射华盛顿。华盛顿之死也被归结于"个人对医疗的愚昧无知"，这恐怕只说对了一半——"医生"和马莎·华盛顿真的看不懂一个67岁的健康老人，生生"放出"2300毫升血液，逐渐死去的过程吗？

　　也许吧？这的确是美国金融战役史中的一个历史之谜。

　　乔治·华盛顿的"病故"与"制宪派"政治集团的覆灭，不能简单地看成是"个人的悲剧"或"某个政治派别的失败"，这是美国开国时期，金融战役历史的时代缩影，是各种政治势力和金融势力相互作用的结果，是历史的必然和金融国家的真实写照——乔治·华盛顿个人的沉浮史，就是美国同时期的金融战役史。

图片说明：马莎·华盛顿（1731～1802），美国第一个"第一夫人"。身体健康的乔治·华盛顿娶了这位已有两个孩子富裕寡妇后，绝嗣。后在她的安排治疗下，被放出了2300毫升血液后去世。

（3）小插曲：《托马斯·杰弗逊有关银行的观点（1791.2.15）》

共济会成员"托马斯·杰弗逊"在汉密尔顿要建立"独立央行"体制的时候，在接到总统乔治·华盛顿的"意见征询"后，写了这个文献。大意就是：**美国一旦建立了私有银行体系，国家将被银行家控制，国家权力将被银行家族的世袭权力彻底侵蚀殆尽。**他说的都对，当时汉密尔顿建立美国独立央行的计划就没有实现。

但是，托马斯·杰弗逊是不要苏格兰银行家集团的"金融僭主体制"，并不是反对德国犹太银行家集团的"金融僭主体制"，他本人不仅是"美国民主共和党"的创建人，也是美国金融僭主体制的奠基人之一。他有关建立私有银行体制对美国和美国人民的危害，写得深刻老辣、透彻明晰，以至于美联储史开山鼻祖莫林先生把这个发言拆成条款放在了书的开头，这从侧面反映了美国政客集团的道德观念和依附于"国际债权人集团"的代理人实质。

金融奴役是终极的奴役形态，金融奴隶制度是终极的奴隶控制模式。私有制缔造的人类历史有过耀眼的辉煌，金融僭主体制主导的工业革命呼唤出了数不清的财富，可代价却是不能承受、必须予以拒绝支付的账单——暴力金融主义和人体芯片支付体制，也就是世袭金融僭主皇族绝对人身主导下的高科技金融奴隶制度。在这个制度下，没有富人穷人之分、没有工人和企业主之分、没有自由与奴隶之分，只有行尸走肉在 5 亿平方千米的高科技牢笼内，茫然不知地上演着人类文明落幕前的天鹅之歌，金融僭主皇族则傲然地站立在资本怪物的血盆大口中，手握私有制的权杖，品味着鲜红的美酒。他或她不会注意到资本宠物早就有了生命，早就是一切的主人了。

第六章

华尔街的"侏罗纪时代"

一、华尔街的肮脏基石——"梧桐树协议（1792）"

（一）荷兰的"华尔街"与英国的"华尔街"

美国金融战役史从英属 13 个殖民地的金融争斗开始，更早期的尼德兰银行家族对美洲的"开拓史"与"英荷战争"的诡异背景，请参看"荷兰卷"。回顾这一段，是为了呈现一个完整的演变过程。

荷兰与英国军事对峙，也发生在北美，荷兰战败后"新阿姆斯特丹市"才被改名为"新（New）约克（York）市"，也就是"纽约市（New York）"。大约在 1640 年前后，荷兰西印度公司的"尖兵"，在"新阿姆斯特丹市"修筑了大量的木头围墙，用来"围养"奴隶。这个墙下的走道，就被称为"Wall Street"，即"墙道"，后来被音译为"华尔街"。但是，奴隶逃跑事件时有发生，荷兰银行家、荷兰西印度公司的代表彼得·斯特伊弗桑特（Peter Stuyvesant）就在 1653 年把围墙增加到 3.65 米，并且采用"泥木混建"，有效地减少了"奴隶商品的损失"。第二次英荷战争（1665～1667 年）以后，荷兰（不是今天的荷兰，是第三金融国家尼德兰联省共和国）就把"新尼德兰地区"（包括"新阿姆斯特丹市"）割让给了英国（从荷兰西印度公司转移给英国东印度公司，两国政府几乎是"局外人"，因为两个银行家拥有的跨国公司都有合法的"缔结条约权"、"战争权"，请详见《海上马车夫——荷兰金融战役史》）。

开始，英国东印度公司的苏格兰银行家集团与荷兰西印度公司的尼德兰银行家集团一样（这场所谓的"战争"，实际上是两者的合流，目的在于联手削弱英国和荷兰，它们之间也有内部派系矛盾），也在这里"围养"奴隶。可这个地方由于几十年的移民，已经比较热闹了，用来做奴隶中转站，就有点"浪费"了。1685 年英国东印度公司计划拆掉围墙，填平外面的防御壕沟，平整出一条道路，这个工程大约在 1699 年完工，两边还种了一些速生的梧桐树。

这就是"荷兰华尔街"到"英国华尔街"，演变过程。

（二）英国的"华尔街"与美国的"华尔街"——"梧桐树协议"

1. 美国华尔街早期的垄断银行家族的代理人会议

21 世纪的"华尔街"，有一个不同于 17 世纪的"华尔街"概念，那就是美国金融资本或欧美跨国垄断金融资本。一条普通的街道变成美国乃至世界银行家族的集聚之地，缔造者就是美国共济会成员、美国第二任总司令、美国宪法起草者、美国情报首脑、美国第一任财政部长——汉密尔顿和 24 个银行家族的代理证券商，他们是：

罗纳德·布雷克（Leonard Bleecker），华尔街 16 号；

赫夫·史密斯（Hugh Smith，"Tontine"），"唐提会馆"；

阿姆斯特朗和巴恩沃（Armstrong & Barnewall），宽街 58 号；

赛缪尔·马彻（Samuel March），王后街 243 号；

伯纳德·哈特（Bernard Hart），宽街 55 号；

亚历山大·祖兹（Alexander Zuntz），宽街 97 号；

安德鲁·巴利克（Andrew·D·Barclay），珍珠街 136 号；

萨顿和哈代（Sutton & Hardy），华尔街 20 号；

本杰明·萨恩克斯（Benjamin Seixas），汉诺威广场 8 号；

约翰·亨利（John Henry），杜克街 13 号；

约翰·哈登布鲁克（John·A·Hardenbrook），拿骚街 24 号；

赛缪尔·庇伯（Samuel Beebe），拿骚街 21 号；

本杰明·温思罗普（Benjamin Winthrop），大码头街 2 号；

约翰·法瑞斯（John Ferrers），沃特街 205 号；

艾弗雷吉米·哈特（Ephraim Hart），百老汇 74 号；

艾萨克·高姆斯（Isaac·M·Gomez），梅登巷 32 号；

朱莱恩·马克维尔（Julian McEvers），格林尼治街 140 号；

奥古斯丁·劳伦斯（Augustine·H·Lawrence），沃特街 132 号；

布雷克（G·N·Bleecker），宽街 21 号；

约翰·布什（John Bush），沃特街 195 号；

彼得·安斯班克（Peter Anspach），大码头街 3 号；

小查尔斯·马克维尔（Charles McEvers Jr），沃特街 194 号；

大卫·瑞德（David Reedy），华尔街 58 号；

鲁滨孙和哈特肖恩（Robinson & Hartshorne），王后街 198 号[参考文献：（美）彼得·沃克夫（Peter Wyckoff）著.华尔街和股票市场断代史（1644～1971，145 页）.美国费城：希尔顿图书公司（Chilton Book Co.）.1972]。

这些人开了一个"梧桐树会议"，从此华尔街才成了美国金融中心，不再是英国拓建的那条"华尔街"走道了。这些银行代理人背后的银行家族各有不同，基本分为犹太垄断银行家族、瑞士银行家族、尼德兰银行家族、苏格兰银行家族，经过 100 年左右的殊死较量，在 19 世纪末华尔街资本兼并之战基本结束，德国犹太跨国垄断金融集团全面胜利。整个 20 世纪和 21 世纪的开始几年（2007 为止），华尔街主要在完成犹太银行家集团内部的资本兼并与从金融僭主集团体制向金融僭主皇族体制的过渡。

2. 肮脏、违法的金融卡特尔协议——《梧桐树协议》

（1）华尔街基石，《梧桐树协议》的内容

1792 年 5 月 17 日，美国财政部长汉密尔顿邀请上面的那些个大银行家族的代理人，在华尔街 68 号前的一棵梧桐树下密会（这棵梧桐树在 1865 年被雷劈死了），与其说是协商，不如说是传达一个命令，内容很简单："我们只接受在梧桐树协议上签字的经纪人相互之间进行的有价证券的交易，对一切委托人都要收取不少于交易额 0.25%的手续费，我们之间在交易中则要互惠互利。"[创造了美国华尔街的梧桐树协议，就这么一句话，参考文献：（美）理查德·特维里斯（Richard·J·Teweles），爱德华·布拉德利（Edward·S·Bradley），特德·特维里斯（Ted·M·Teweles）等著.股票市场（97 页）.美国亚特兰大：亚特兰大图书公司.1992]。

（2）祸及子孙的"伪市场经济的梧桐树协议"的危害

①市场经济是私有制社会的基石，也是物质文明的基石，社会主义的计划经济本身也是市场经济，因为并没有彻底脱离货币、价格和私有制，甚至在私有制的历史阶段过去之后，市场经济还会存在，继续指导生产与需求。但是，在私有制最辉煌的、资本主义社会的金融主义阶段，市场经济却消亡了。《梧桐树协议》是美国经济立国的基石，是美国金融、货币、法律的一个总纲。它规划了一个看似是资本主义、看似是市场经济的金融僭主集团垄断社会利益的金融卡特尔体制。一句话：《梧桐树协议》不仅奠定

了第五金融国家的属性，也毁灭了美国的资本主义和市场经济赖以存在和自我调节的基石。直到今天，很多人仍然没有认识到私有制的毁灭早已开始了。

图片说明：1792 年 5 月 17 日，美国情报、内卫、财政机构"美国财政部"的第一任部长、共济会会员、原美国大陆军情报首脑、乔治·华盛顿的亲信，汉密尔顿在纽约华尔街 68 号外的梧桐树下，秘密召开的"梧桐树会议"，形成了一个华尔街金融卡特尔，奠定了"金融华尔街"的基石和组织构架。1817 年 3 月 8 日这个秘密组织起草了一项新章程，更名为"纽约证券交易委员会"，1863 更名为"纽约证券交易所"。图中为 1867 年华尔街的样子，这时的华尔街是一个银行家集聚之地，既不是"荷兰的墙下小路"，也不是"英国的拆墙大道"了。

②《梧桐树协议》让虚拟经济控制了实体经济，形成了一个不公正的、无法优胜劣汰的金融僭主集团统治体制。每笔交易（包括股票、期货、大宗商品交割）都被抽取 0.25% 的佣金，危害极大。在《水城的泡沫——威尼斯金融战役史》中就提到过这个问题，这个银行家集团联手控制了各种贸易和资本流通，然后制造虚拟经济规模，从中"抽头"。看似不多，但 400 次交易，就让相当于一个国家实体经济总量的金币流入银行家的口袋**（每年交易 10 次，等于华尔街银行家集团对美国实体经济凭空抽取 2.5% 的"垄断税"，这还要乘以"环节总数"，实际上是一个惊人的数字，实体经济正常的利润额也就 5%～10%，所以"0.25%"是一个天文数字的"垄断税率"，它摧毁了美国实体经济的独立性和美国新兴资产阶级与广大美国人民的财产所有权）。**由于他们把持了各个经济环节，等于重复对实体经济征收"垄断税"，股票的频繁交易更可以让这些银行家用最多 100 年的时间就

可以控制所有股票的等值金币（假设股票总流转周期是 180～360 天），实际上远远短于这个时间。因为，银行家会创造出各种"金融服务"和"收费项目"，实际上交易佣金是黑箱操作，外人不得而知，一般金融掮客佣金在 1%～3%之间，很多股票买进卖出极为频繁，几乎成了赌场的筹码，很少有人投资股票而把股票分红看为利润来源，这种荒谬的华尔街股市投资惯例的背后，是现代虚拟经济的赌博性，而这个银行家集团，则是"赌场老板委员会"。

③抑制了新银行家族的形成和良性循环的可能，陷入了一个跨国垄断金融卡特尔规范好的"稳定构架"，危及美国自由竞争资本主义模式的存在。

④彻底排除了华尔街出现任何竞争者的可能，将市场经济因素彻底排除在美国虚拟经济之外，这个 18 世纪末的华尔街垄断协议，在 20 世纪初，让美国出现了一个世袭金融皇族——罗思柴尔德家族。

⑤这个"梧桐树会议"，达成了一个违反了美国宪法的，依靠银行家族联盟垄断市场的协议，却是由美国宪法起草人召集的，它辛辣地嘲弄了美国法律的尊严，华尔街取得了一个凌驾于美国法律之上的"超人地位"，埋葬了资产阶级革命先驱的法制、民族、自由的理想。

⑥奠定了美国华尔街，乃至整个欧美金融秩序的基石——垄断、排他、违法行为"合法化"、伪市场和伪市场经济、资本规模较量、黑箱交易、国器私有、华尔街控制美国政府超越美国法律、共济会和罗思柴尔德家族控制一切信用、交易和权力。

二、共济会第一央行、美国第一个"独立央行"——北美银行的兴衰

（一）混乱的货币、肮脏的暴利

北美地区第一家央行是苏格兰银行家约翰·劳建立的，因为是以欧洲大陆为轴心，是以"法国皇家银行"为名义，放在法国金融战役史中叙述，算作"法国第一央行"。但是，一叶知秋，苏格兰银行家集团从此开始走下坡路。

北美的主力货币是金银，但金银即便在那个时代，也无法满足北美实体经济发展的需要，各种各样的"准货币"就出现了。北美就是犹太银行

家在第二金融国家·西班牙阿拉贡王国内的代理人哥伦布"发现"的，犹太金融资本一直在北美占据领先和统治地位。1696 年，犹太银行家的"根据地"，也是共济会的根据地[这个时期罗思柴尔德家族还没有在历史舞台上登场，欧洲还是美第奇金融僭主家族的末期，然后 1737 年就神秘绝嗣了，详见"威尼斯卷"。所以，此时不是罗思柴尔德家族拥有整个共济会资本，他们只是后来被选中的代理人（也可能是美第奇家族"某种形式"的延续），而是古典共济会在控制一个总量很大的"集体资本"，类似于一个影子政府，并非某个银行家私有]，马萨诸塞的殖民地政府（英国东印度公司管理下的英属 13 个北美殖民定居点之一，甚至不是现在意义的"州"）发行了"政府信用券"，实际上是银行家操纵下的**"私有政府公司"**发行的银行券。其他定居点感觉这个"发行货币的产业"油水很大，跟着发行"土地券"、"税收抵押券"……也有银行家发行的，也有美国新兴资产阶级发行的，名目繁多，但本质都是"货币"。

（二）美国第一家银行——共济会北美银行

虽说共济会在 1776 年 7 月 4 日起草了独立宣言（名义独立日），美国独立战争结束是 1783 年 9 月 3 日（实际独立日），罗思柴尔德家族在北美独立战争结局已经明朗化之后，为了主导美国金融和货币，就通过法国的洛希尔银行（法语的"罗思柴尔德"，法国第三央行，法兰西银行的世袭股东，直到今天）在费城的代理人、《独立宣言》签署者之一、现代共济会会员"罗伯特·莫里斯"在 1781 年成立了北美银行，从此就主导美国的货币发行。

北美大陆券

北美大陆券出现的历史背景比较复杂，美国独立前流通主体除了上面介绍的各种"准货币"，主要是金币和银币。但是，银行家在尚不成熟的美国市场大量投放掺杂使假的硬币，导致硬币信誉下降，不能说这个时期金银币拿到手里就放心了，因为很难保证成色（差 1%就差很多，成色 2.5%肉眼很难分辨）。犹太银行家主导的大陆会议，在 1777 年 11 月 15 日通过的《邦联条例》，这个备受汉密尔顿等人反对的条例，规定各州都有货币发行权。一个银行到各州去注册一下，就可以发行货币，这就导致了美国空前的货币大战，人民被一次又一次金融掠夺。从"条例"角度来说，在

1777～1783 年，美国各州发行的"信用券"，是"大陆券"。但 1777 年以前的一些"准货币"和各种"州立银行"，甚至"乡村银行"发行的"特许信用券"或"特许银行券"，都属于"北美大陆卷"。这个概念，不是一个严格的法律概念，而一个法律概念根本就无法准确界定当时美国无数种违法发行，又被人们接受的私有"银行券"。

北美银行名义上是共济会成员罗伯特·莫里斯的家族银行，他被称作美国首富也不过分。因为这家银行立刻被授予的"特许状"。从此，美国仅有此一家银行可以发行纸币和账面信用。罗伯特·莫里斯（1734～1806）被有些文献称作"财政部长"，这个说法不对，但有一定道理。他是犹太金融资本和共济会用来控制美国新军事门阀的"水龙头"，是大陆会议的财务负责人。与美国财政部长相比，他没有收税、情报、内卫预算等特权，仅仅是"募款"。这个北美银行带来了 3 个问题：

1. 美国第一央行把国家权力授予了私人，私人的权力与国家权力的界限模糊不清，出现了家国世袭（虽然罗伯特·莫里斯只是个名义代理人），这就出现了封建特征，违背了资本主义建国的初衷。

2. 北美银行发行的特许银行券成了唯一的"合法货币"，也就是类似于今天的美联储券。其他"北美大陆货币"就"违法、作废"了。整个金融秩序、经济法理秩序（"北美大陆币"的债务和账目的意义消失了）、信誉秩序、道德秩序（记账货币作废了，欠债不还者与老实劳动者之间，就看不出区别了）。

3. 银行家们发行的货币、支付出去的现金和以各种"准货币"记账的"国债"都变得一文不值了吗？这个问题比金融诈骗要险恶的多，是一个精心策划的连环骗局，也是美国金融战役史上精彩的一幕。

（三）犹太金融资本与苏格兰银行家集团的殊死较量

1. 两件小事

（1）"迁都"

犹太金融资本苦心经营，一直把费城当做首都和独立运动的中心城市之一，共济会成员写出的两个重大历史文献《美国宪法》、《独立宣言》都是在费城"独立厅"签署的。不仅如此，费城还是美国的军事重镇，1775 年 11 月 10 日犹太金融资本通过罗伯特·莫里斯出资，在费城建立了美国海军（所以美国海军地位一直比陆军高，因为美国陆军早期是以汉密尔顿为代理人的苏格兰银行派系)。1790 年,汉密尔顿决定用费城国会厅替代纽约联邦厅为当时美国政府所在地(这段时间名义是华盛顿总统,实际上是汉密尔顿,华盛顿连阁员都不见)。可汉密尔顿后来发现罗伯特·莫里斯不是真正的"制宪派",就开始打击和排挤他,也开始琢磨"迁都"。 1791年 9 月 9 日,汉密尔顿就在华盛顿农场不远的地方,规划了一个"联邦城"(这是詹姆士·麦迪逊和汉密尔顿过去密谋的一个"迁都"计划),也就是后来的"华盛顿特区",被命名为"华盛顿城"。奠基的时候,华盛顿站在石头上,穿着共济会围裙,共济会成员排成队,弯腰握他的手,这是华盛顿得意之时,也是必死的原因(请参看"威尼斯卷"华盛顿市奠基的场景)。

(2)国旗

美国独立前,13 个英属北美殖民地的军事、外交、税收、司法全部由英国东印度公司管理,是一个苏格兰银行家集团的海外领地。美国独立后,国旗应该有一番"新气象",可乔治·华盛顿和汉密尔顿却搞出了一个基本和英国东印度公司"北美殖民地区旗"一样的"美国国旗"。

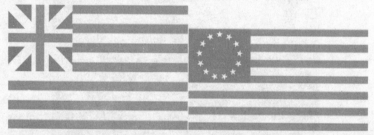

图片说明:图左旗帜是英国东印度公司在北美英属 13 个殖民定居点统一使用的公司旗帜,图右的是乔治·华盛顿和汉密尔顿设计的美国早期的"国旗",1777 年 6 月14 日启用,1795 年 5 月 1 日废止。美国独立的"国父",为什么要设计一个和苏格兰银行家族公司旗帜"类似的图案"呢?

根据地毯编织者贝特西·罗斯的说法,1776 年夏天,乔治·华盛顿、乔治·罗斯、罗伯特·莫里斯给了她图样,然后由她缝制而成第一面美国国旗。如果这是真实的话,这说明乔治·华盛顿是个特别善于"平衡内部矛盾",善于左右逢源的资产阶级政客。他此时巧妙地利用了苏格兰银行家集团的强大实力和野心(汉密尔顿设计),又获得了罗思柴尔德家族的支持(莫里斯出面),剑走刀锋,极险处,见英雄!

这面国旗被废除,是由于一个环形的星状物,构成了共济会的"光照者"图案,也就是共济会的崇拜物,魔鬼路西法(请参看"英国卷"),一些美国新兴资产阶级不满意（所以1795年5月1日废除后的美国国旗图案，"星星"都被"平行排列"，早期有魔鬼路西法图案的"美国国徽也废止了"）。

2．北美银行券背后的斗争

罗伯特·莫里斯此人，是个金矿主，出钱的人，共济会各方与他关系都不错，他是罗思柴尔德家族的银行代理人，又被很多美国历史学家看成是"制宪派"的朋友，可见此人外交手腕很高，也反映了此人脚踏两只船的客观形象，这是他倒霉的原因。

汉密尔顿一直倾向于苏格兰银行家，他真正倾向的是自己的利益，北美早期的实权几乎由他个人执掌，他给美国人民带来了深重的灾难——华尔街情报组织与美国联邦财政机构的合二为一。这个特殊的体制是他为了以国家暴力机构迫使犹太金融资本就范的"残存"，又被华尔街蓄意改造成了一个服务于金融资本的金融僭主体制。

图片说明：这是美国国会大厦中的一个神话艺术作品，反映了一段复杂的美国金融战役历史。光芒之下的那个（中间）神"Hermes Mercury"——墨丘利神，右手拿着权杖，左手拿着一袋金币，交给坐着写字的人（中右），即银行家罗伯特·莫里斯。墨丘利神是古罗马神话中宙斯的儿子（希腊神话中他的职责、履历稍有不同），是盗贼之神，也是商业之神，还是地狱主人与人间代理人交流的信使，因为传说他跑得最快，而且有穿越阴阳界的本领。所以他也负责把死人带入地狱，有点类似于中国神话中的"牛头马面"，不过他长得比较好看。换句话说：有一个共济会"光照者"，也就是魔鬼本人的信使，把金币交给了费城银行家罗伯特·莫里斯，由他来安排北美独立运动的资金（请注意，只有莫里斯是坐着的）。这是一个真实历史的暗喻，洛希尔银行（罗思柴尔德法语译音的法兰西银行世袭股东）幕后操纵着北美独立。此时主要的斗争与联合，集中表现在洛希尔银行犹太跨国垄断银团与英格兰银行苏格兰跨国垄断银团之间。

莫里斯财团的角色，等于后来的摩根财团；北美银行，等于后来的纽约美联储；罗伯特·莫里斯等于后来的J.P.摩根；北美银行券，等于现代的美联储券（美元）。所以，罗伯特·莫里斯这个人物之重要，超越了共济会的概念，超越了美国政府的概念，成了"美国财经之神"。 罗伯特·莫里斯背后是罗思柴尔德家族，汉密尔顿和乔治·华盛顿为首的美国新军事门阀和情报门阀（汉密尔顿的大儿子在他被枪杀前3年也被枪杀了，就在同一个地方，也有一份所谓的"本人"签署过的"决斗生死状"；华盛顿则神秘"绝嗣"，又被"治疗"死了），虽然他们是共济会会员，也受过罗伯特·莫里斯的恩惠，但他们有了野心，很容易就与理智的、且处于劣势的苏格兰银行家集团达成了默契，共同来反对犹太跨国资本，一些荷兰银行家族和瑞士银行家族此时已有被边缘化的趋势，与犹太金融资本接近融合，但却不甘心看着罗思柴尔德家族"一枝独大"。在这种历史背景下，北美银行券的出现，沉重地打击了一切金融势力，他们要么做出反击，要么资产被罗思柴尔德家族用"北美银行券"的账面数字，白白吞并（一百多年后，摩根财团就是这样做的）。

3. 共济会第一央行破产的秘密

（1）罗伯特·莫里斯的野心

罗伯特·莫里斯是罗思柴尔德家族很信任的代理人，但在一场篡夺美国货币发行权的金融战役中，盗贼和盗贼伙伴之间很难有真正的信任，也无所谓道德。罗思柴尔德家族的"财产"是共济会的财产，他们不过是一个篡夺了共济会权力，并使之家族化的代理人，对这个过程并不陌生。他们很快就意识到了自己的失误，扶植罗伯特·莫里斯一个单一代理人的控制构架，固然保密，但很容易失去对局面的控制。罗伯特·莫里斯在北美银行建立之后，又是国家央行的行长，又是国会监管货币发行的官员，又是"共济会兄弟"，又是北美银行（Bank of North America）的拥有者（董事长兼总经理），谁知道罗思柴尔德家族是谁呀？美元世界的神，是罗伯特·莫里斯，他被称作"经济沙皇"（这个词汇后来就成了华尔街吹捧罗思柴尔德家族代理人的一个专有词汇）和"美国商贸之神"。

英国东印度公司拥有强大的实力，为什么没有坚决地打下去呢？原因就在于他们在独立战争末期，成功地与乔治·华盛顿、亚历山大·汉密尔顿、罗伯特·莫里斯达成了一个默契，结果犹太金融资本的代理人，成了

"制宪派"的朋友。罗思柴尔德家族只好一方面努力争夺北方的控制权，一方面注资相对落后的南方农业区，让美国形成了"北方新英格兰地区"（汉密尔顿等人，"联邦宪法党"）和"南方地区"（杰弗逊等人，"民主共和党"）这种人为对立的经济格局。

大约在乔治·华盛顿复出之前，罗伯特·莫里斯已经"失宠"了，"失宠"和"失控"谁在前这很难了解，但通过一件小事，可以看出罗伯特·莫里斯作为一个银行经理人，是无法让老板放心的，是"不合格的"："当莫里斯无法成功地募集开展北美银行业务所需的银币资金时，他简单地把法国借给美国政府的钱从财政部直接划拨到了他自己的银行里。关于这个插曲和整个 19 世纪美国中央银行的废立史，参见《1981 年美国黄金委员会的少数派报告》"The Minority Report of the US Gold Commission of 1981" 44～136 页"［文献引用：（美）莫里·罗思德（Murray.N.Rothbard）著，Mark·Greene. The Case Against the Fed（草译：《客观事实与美联储系统的对立》).美国亚拉巴马州：路德维格出版公司（Ludwig von Mises Institute].1994)］。

（2）汉密尔顿的奇谋

这时，罗思柴尔德家族的处境极为艰难，选择很少。他们反对汉密尔顿建立一个苏格兰银行家集团或乔治·华盛顿集团控制的"独立央行"，自己出血本建立的"北美银行"又从名义和法理上，白白归属了罗伯特·莫里斯，似乎支持谁都不对（这是最后"刚性解决"汉密尔顿和华盛顿"问题"的深层次原因）！汉密尔顿不仅是美国的情报首脑，他也是一个罕见的情报、金融、政治、法律、帮会、军事领域融会贯通的实践大师，是美国历史上唯一的奇才。他抓住了时机，准确地看出了罗伯特·莫里斯的贪婪与"地位的不稳"，利用罗思柴尔德犹豫不决的历史机遇，一下子就把罗伯特·莫里斯拉到了自己一边，极大地增强了苏格兰银行家集团在美国的实力，几乎控制了美国的经济和政治，这是乔治·华盛顿得以复出的一个基础。

很快，汉密尔顿在 1791 年（1790 年 12 月，因为有一个讨论过程，所以才有了前面说的"《托马斯·杰弗逊有关银行的观点（1791.2.15)》"，"美国民主共和党"在这个《观点》中深刻地指出："独立央行"违法、不公正，导致世袭、独裁、垄断和实际的两个政府，政府无法约束名义下属"独立央行"，可他们以后建立了更加极端的"美联储体制"）抛出了一个《关于建立国家银行的报告》，要求在美国建立一个"独立央行"［即：美国第二央行·美国第一合众国银行（First Bank of the United States）]。这时，犹太银行家族集团就在背后鼓动反对，理由很讽刺：**违宪！**因为美国宪法规定：货币发行权归美国国会所有。建立独立央行违反美国宪法，货币权力不归国家的最高领导人，而由一个"独立央行"控制，美国不就出现两个权力中心了吗？乔治·华盛顿只好去问汉密尔顿该怎么办？可"宪法党"鼻祖却更加讽刺的轻松答道："**宪法既有明示的权力，也有默认的权力。**"[参考文献：任东来等著.美国宪政历程·影响美国的 25 个司法大案(54 页).北京：中国法制出版社.2005]

这是一幕多么精彩的喜剧呀！一百多年以后，认为建立独立央行体制违反美国宪法的"美国民主共和党"，联手建立了违宪的美联储；起草美国宪法的"宪法党魁"却公开曲解和漠视宪法（美国宪法规定货币可以由私人发行，白白剥夺所有人劳动果实和私人财富了吗？不！），这是美国金融战役史中，一个最能说明美国金融国家实质和资本主义"法制"与"政治"实质的经典事例。

（3）"北美银行券体制"的破产与"第一合众国银行券"体制的建立

美国第二央行·美国第一合众国银行，在乔治·华盛顿的坚决支持下，力排众议，于 1791 年 2 月 25 日正式建立。完全按照苏格兰银行篡夺英国货币发行权的模式，授予"特许状"（但是由于犹太金融资本的强烈反对，被附加了一个 20 年的期限，这就埋下了金融战较量的伏笔）

①这就等于宣布了"北美银行"的破产。汉密尔顿的奇谋充分表现在这个时刻，罗思柴尔德家族必须主动跟随汉密尔顿的"指挥棒"，因为主要的敌人已经是自己一手建立的"北美银行券体制"了，真正的敌人是罗伯特·莫里斯，他是北美银行合法的主人——这对于罗思柴尔德家族是一个多么刻骨铭心的教训呀！这次失败，深刻地影响了一百多年后的美联储体制，也让罗思柴尔德家族对美国的金融僭主体制，不得不经历一个漫长的"金融僭主体集团体制"的"过渡时期"，21 世纪才进入金融僭主皇族体制。

②第一合众国银行，英国苏格兰银行家集团与德国犹太银行家集团一次"奇妙的联手"，损失最大的就是罗伯特·莫里斯，他从此只有死心塌地跟随苏格兰银行家集团一条路，这说明英国东印度公司在北美独立战争末期，不全力"死拼"，还是有一定道理的，"第一合众国银行"，不过是英格兰银行的北美分部，这个战役回合苏格兰银团全面胜利。

③第一合众国银行为什么保留"20%的国有股份"与"国有股份制银

行骗局"。这个骗局很有趣，是由汉密尔顿开创，后来跨国银行家族控制澳大利亚央行的时候，开始搞国有银行股份制，澳大利亚政府拥有央行50.1%的股份，后来这"不引人察觉的0.1%的股份"的消失，根本没有引起社会关注，澳大利亚元就私有化了，澳大利亚各个阶层的财产就被银行家广义剥夺了。美国第二央行——"第一合众国银行"根本就不是美国的银行，而是汉密尔顿组织的25个华尔街股东和一些有关人员（应该包括汉密尔顿、罗伯特·莫里斯、乔治·华盛顿等人）"出资"800万美元认购，汉密尔顿控制的财政部出200万美元，可美国国家出的是"国家信誉和税收抵押，也就是美国人民的血汗钱"，包括全部国库[因为美国第二央行·"第一合众国银行"开了一个恶劣的先例——"代管"美国国库（实际是几个世袭股东抢劫了美国各阶层的共同财富，是违法的行为），还可以开办"央行分部"，无限扩张，几个世袭股东可以吞食一切社会财富]，这些私人家族出的是"第一合众国银行券"，也就是说：他们什么也没有出，就控制了美国的一切，受益最大者是英格兰银行的苏格兰银行家股东。

这个"独立央行"由25人的董事会控制，其中20人由股东"选举"，5人由汉密尔顿代表政府任命，开了一个世袭集团统治美国的恶劣先例，影响深远，秘密改变了美国的政体、国体与属性。"1791年7月4日国庆节，发行200万美元股票，在几个小时内就告售罄。"[文献引用：王希著.原则与妥协·美国宪法的精神与实践修订本.北京：北京大学出版社.2008]，实际上根本就没有对外销售，这个"外"是"梧桐树协议的签署者承销股票"，投资者根本就买不到美国第二央行·美国第一合众国银行的股票，如同人们买不到纽约美联储的股票一样（实际买到一些也没用，不过一股也买不到，因为这是权力，不是股票）。

④汉密尔顿成了苏格兰银行家集团与乔治·华盛顿集团的擎天柱，突出凸显了他个人的天赋与权谋和华盛顿的威望与政治平衡力，但也从侧面反映出一种"单薄"和"木秀于林的危机"，预示着他与华盛顿的悲剧命运与最终失败。

Rob⁺morris

图片说明：罗伯特·莫里斯（1734～1806），他是罗思柴尔德家族在美国建立的美国第一央行·北美银行的"名义所有者"，共济会会员、《独立宣言》签署者、大陆会议的"财务负责人"（那时还没有财政部长）。请注意右边这个普普通通的签名，在1781～1792年，只要任意一张小纸片，有这个签名和数字，就可以让任何人交出工厂、矿山和企业，就可以凭空创造出数不清的"账面财富"，这是**"神的签名"**，这是一种终极的抢劫，也是资本主义、社会公正与契约、私有制与私有财产世袭体制瓦解的开始（在金融主义阶段，也是市场经济暂时消失的开始）。在今天，任何一个国家只要实施银行股份化，美联储世袭股东就可以用这个方法轻松拥有一个国家的金融体系；只要实施军工股份化，美联储世袭股东就可以轻松控制一个国家的军工；只要实施债务货币和独立央行体制，美联储世袭股东就可以秘密控制一个国家的预算，广义和逐渐狭义拥有一个国家所有阶层的一切财富和实体经济控制权、所有权；只要实施"赞助人多党自由选举体制"，美联储世袭股东就可以用选举资助和代理人选举资助全面控制一个国家的最高领导机构和组织人事；只要实施"三权分立"或"民间司法学者独立审判制度"，美联储股东就可以跨国幕后操纵一个国家的立法、刑狱与审判结果；只要一个国家实施高等教育私有化体制，美联储世袭股东就可以控制一个国家青年人、学者和官员的思想和学术理论高端；只要一个国家实施出版媒体私有化，美联储世袭股东就可以跨国主导一个国家的舆论——这就是金融主义体制的伪善基石，这就是金融战役"无往不利"的、肮脏的秘密。

第七章

美元世界的序曲

一、美国国债金融战役（1791）和汉密尔顿 0.8 亿美元国债金融战骗局的重大历史意义

（一）战役的第一阶段——"好心的银行家，收购劣质资产"

华尔街通过债务货币体制控制了美国的货币发行，通过独立央行体制在美国制造了"第二政府"，债务货币体制是基础，是近代金融战役的理论基石之一，债务货币体制的秘密在于：**通过否定预发行货币余量的存在，否定政府可以依托国有信用发行国有货币而不需要任何抵押的民授权力和社会责任**。那么美国又是在何时秘密确立了"债务货币体制"和华尔街"国际债权人集团"对美国政府和人民的"合法债务控制"呢？

截止 1791 年（乔治·华盛顿是 1789 年复出，担任美国总统，但 1789～1791 年，他连内阁都不见，完全由原大陆军情报首脑汉密尔顿"打理一切美国政务"），美国社会上保有大量各种"准货币"（"土地券"、"信用券"、"税收券"、私人发行的"非法银行券"、"商业券"）、"硬币"、各种"大陆券"、"北美银行券"、"英镑"和用这些"货币符号"表示的债务、债权、国债和有价证券，整个美国金融市场一片混乱！

本来这种"乱"很正常，也很好处理，只要由美国政府强制发行国家货币，然后制定一个针对不同币种的"兑换率"，并严禁金银铜硬币和外国信用符号流通即可树立政府货币的信誉和接受度，人们和市场习惯以后，就逐渐"捋"顺了，一两年足矣。

但自古"发国难财"，"乱中取利者"从来不乏其人，更何况美国没有民族概念，是共济会和银行家共同建立了一个金融国家，依靠军事力量和金融力量作为美国的"黏合剂"。在这样一种氛围下，无所谓"背叛国家"，也就

没有任何"道德约束、不适合谴责",人人牟利,不遗余力,并以此为荣。

"当时,由于独立战争的影响,美国的内、外债总额高达0.54亿美元,其中包括严重贬值的面值0.4亿美元的大陆币,以及各州政府未偿还的0.25亿美元债务等。单债务利息一项就高达400万美元,联邦政府的年度税收根本无力偿付"[参考文献:(美)霍华德·M·瓦赫特尔著,李满,纪肖鹏等译.梦想大道——华尔街拓荒百年.北京:中信出版社.2005],华尔街!注意,这是汉密尔顿亲手建立的"第一华尔街",需要的是增加债务,延续债务,并以莫须有的债务控制美国实体经济和美国人民的一切财富,就联手上演了一出闹剧,汉密尔顿是幕后总导演!

这里有个问题,那时美国土地地价与目前美国土地地价比约为"(5000~30000):1"(请详见拙作《货币长城》),可笼统地把上面的数字"乘以10000",即可大致理解虚拟经济骗局的可怕和金融战役的规模!

华尔街和汉密尔顿执掌的美国财政部,联手打压美国市面上的"货币"、"股票"、"私人债权"、"国债"……普遍贬值到原账面数字的10%,即便如此,还没有人愿意接受这些"可能已经无法兑现的债权和所有权"(但人们又舍不得扔掉,留着总有一点希望吧)。1790年12月开始,汉密尔顿就授意副财政部长威廉·杜尔(他投入资金2万美元,很快捞了500万美元)秘密收购这些"各种货币和债权、股票"。威廉·杜尔就委托华尔街银行家伦纳德·布利在南卡罗来纳州弄了一个皮包投资银行,开始敞开收购各种货币、债券、股票、"代金券"……统统全要。但是,这种"买"和抢劫的区别不大!1万大陆币的债权,250美元收购(一些银行家私自发行的"准大陆券"债权,普遍低于这个值),100美元可以将一批债券,"协商一个打包价格,完整收购"(就是一些已经基本归零的"债权"和"股票",接近白拿)!人们排着队,流着眼泪把各种票据和货币交给他,无数人一夜之间两手空空,希望成了泡影!

这些信用凭证,本来是可以由美国政府出面兑现的,最多损失一些利息和利润,因为有实体经济为后盾,有整体社会金融秩序的稳定为回报,美国政府和个人都不亏(但那样做,如何开始华尔街家族对美国各阶层的债务统治呢?)。

(二)战役的第二阶段——"银行家的大规模融资"

金融战骗局的步骤,或者说"完美",或者说"毒辣"的地方还不在于第一阶段的"愿买愿卖"。因为，无论如何操纵政府制造危机，乘人之危都很可耻，但华尔街的银行家本来就不是靠道德和诚信起家的，所以这个阶段还可以勉强算做某种"劣质资产收购"。

威廉·杜尔等人收购"劣质资产"，并没有立刻给钱，人们能够接受有两个原因：第一，没有选择；第二，威廉·杜尔是美国财政部副部长，有"国家信誉"支持，人们也分不清这个"资产收购公司"是"国营"还是"私营"，这似乎并不重要，但其实这恰恰是问题的关键！威廉·杜尔开始出面向各界大规模融资，美国新兴的资产阶级，感觉投资美国财政部的公司很放心，而且他们隐约感觉到，或者说被"灌输了一个印象"——美国财政部收购这些"劣质资产"，一定有升值的潜力，也就是说美国政府可能认可这些债权（而不是赖账，主要的债务人是美国政府和各地方政府）。尤其在华尔街所在地纽约，人们纷纷出资，美国财政部副部长威廉·杜尔的公司得到了大笔的社会资金，然后支付了开头欠下的"收购款"，并且加大"现金收单"的力度，全美国的"劣质金融资产"，被威廉·杜尔的公司一股脑儿买走了。

大约 7 个月的时间，当"收购劣质资产"基本完成，财政部长汉密尔顿在 1791 年 7 月公开出面斥责他的亲信财政部副部长威廉·杜尔，"背着他搞金融欺诈"，并撤了他的职，投资者一下子就傻了（但还在犹豫：这是真的吗？不敢相信，抱着一丝希望在等待，希望有转机）！1791 年 8 月，汉密尔顿命令纽约银行冻结威廉·杜尔"资产收购公司"的资金，并公开宣布威廉·杜尔的"融资违法"，这样威廉·杜尔所签署的债权，就分文不值了——一个私人金融公司破产，在华尔街又算得了什么呢？

这笔钱到底有多大少很难估计，但美国许多中小资本家破产，尤其是纽约地区，几乎冲击到了大多数有投资能力的家庭（因为人们当时不敢随便投资，又想投资牟利，恢复战争的创伤，美国财政部的高息债权不是最好的投资吗？），这让金融危机迅速演变成了一场社会危机和政治危机。汉密尔顿一直静观其变，直到他认为"时机成熟"了，就在 1792 年 5 月 17 日组织了一个华尔街银行家集团（即"第一华尔街"），签署了一个"梧桐树协议"，一举收购了所有威廉·杜尔破产公司留下的债权，那些债权早就如同废纸一样，还能够稍微收回一点儿，哪怕一个美元，对于破产的投资者也是好的呀！人们奔走相告，流着眼泪感谢汉密尔顿和"梧桐树银行家集团"，汉密尔顿完美地解决了"威廉·杜尔遗留的难题"，还一举三得：

1. 没有花钱，就把美国所有"劣质金融资产和国债"，弄到了自己的手中。

2. 建立了一个听命于自己的华尔街银行家集团。

3. 博得了一个好名声，威望达到了顶点。

汉密尔顿后来的失败，不能看成是"正义的失败"，仅仅是金融寡头集团相互打击的金融战牺牲品，不能简单地认为，哪个银行家更有"良心"。

（三）战役的第三阶段——"美国政府的0.8亿国债"

这场由汉密尔顿一手导演的，目的在于一举控制美国实体经济的金融战役最精彩的一幕，几乎同时到来了！整个金融战役没有支出一美元，威廉·杜尔大肆融资还狠捞了一笔。但是，收购威廉·杜尔的"遗留债权"则很麻烦，因为他捞得多，欠得就多！这个规模可能在几百万美元到几千万美元之间，很难准确估计，但数额巨大，即便缩小一些比例，来个"二次劣质资产收购"，收购资金也是一个很大的数字，从那里来？

汉密尔顿是个金融天才，他把这个难题与一系列自己要达成的战略目标完美地结合在一起，并再次来了一个不可思议的一举三得！他的金融战天赋，抛开道德不谈，实属罕见，不愧是美国的"金融情报联合体的开山鼻祖"。

1.（威廉·杜尔1791年12开始"劣质资产收购"，打响了金融战役的第一枪）汉密尔顿在1790年12月，抛出"《关于建立国家银行的报告》"，成功建立了美国第二央行·第一合众国银行，该法案于1792年2月25日得到了乔治·华盛顿的签署，1791年7月4日华尔街银行家认购80%的股份（用"第一合众国银行券"支付，等于分文没花），美国政府（也就是美国人民）凭空欠下了华尔街银行家0.8亿美元的"债务"！

2. 汉密尔顿在"威廉·杜尔金融欺诈案"民怨沸腾的时候，因势利导提出由华尔街收购所有"不良资产和债权"，美国政府承认这些"准货币、大陆券债权、大陆券股票"，不仅一下子就稳定了人心，而且这笔钱由第一合众国银行的世袭股东们用"第一合众国银行券"支付，一分钱没花，就控制了美国的大笔国债，成了美国的第一大债权人，华尔街"国际债权人"隐约形成了。这还有一个连带的"好处"——推行了"第一合众国银行券"，此后其他"早期纸币"基本退出了美国市场。

3. 汉密尔顿借机发行了一笔天文数字的美国国债，0.8亿美元，年息

6%，即480万美元，超过了美国的税收——这就是华尔街开始对美国人民收取"华尔街税收"的起因和起点，这就是美国政府从此再也没有还清银行家债务的原因（后来有两次偿还的尝试，但都以失败而告终），这就是银行家奴役美国新兴资产阶级的鬼把戏！美国第二央行·第一合众国银行的华尔街股东们，特别"爱国"，一举认购了"美国国债"，事实上，除了他们，谁也没有这样一笔资金。他们的钱是从哪里来的呢？很简单：用"美国第一合众国银行券"支付，分文没花就成了拥有0.8亿美元的美国国债的"国际债权人"。

有关债务货币和独立央行体制的一道"假设的"数学题：汉密尔顿这一笔0.8亿美元国债换"央行券"的荒谬"债务"，至今本息折合约233968.22亿美元，当初约定年息6%，故这笔钱每年"利息"约为14038.09亿美元。

（四）历史意义

1. 债务枷锁与华尔街"国际债权人"的形成

这些巨额国债，远远超过美国实体经济的规模和社会财富保有总量，是一笔美国人民从来未借入的、不存在的"虚假债务"，是以汉密尔顿为首的"第一华尔街银行家集团"精心设计的一个金融战骗局，目的就在于让包括美国新兴资产阶级和新兴军事门阀阶层在内的美国各阶层和美国政府从此背负一个沉重的、不能摆脱的债务枷锁，"利息"不仅超过了美国当时的税收，也超过了美国当时的国民生产总值。从此以后，美国不仅接受了"债务货币理论和体制"、"独立央行理论和体制"，还"合理、合法"地开始了逐年向华尔街转移国家财富的过程，金融僭主体制建立并巩固了下来。

2. 不公正的广义社会财富转移机制与市场经济游戏规则的消失

美国新兴资产阶级从此不论如何精明，如何有头脑，都必须背负着沉重的债务包袱与华尔街虚拟经济集团在实体经济领域的代理人进行不公平的"竞争"，结果必然是逐渐被边缘化或代理人化，别无他途。这就是"侏罗纪时代"——资本大小决定一切，金融战骗局彻底颠覆了美国市场经济的基本秩序、美国社会契约的严肃性、美国社会法治的公正基石、美国民选政府的广泛代表性、美国政客集团与华尔街银行家集团的道德底线，还彻底抹杀了美国政府和华尔街之间，美国政权与金融僭主世袭家族权力之间那条本来就"有点模糊"的界限，让自由竞争的时代从此一去不复返，也让本来欣欣向荣的美国资本主义体制，开始走向自己的对立面。

3. 现代虚拟经济在美国金融战役史上粉墨登场，开始唱主角了

华尔街建立了一个远远超过实体经济规模的虚拟经济，利用"美国财政部"和"美国独立央行"之间的"账面把戏"，制造不存在、不需要的债务，并且这个"债务"由于纯粹是虚拟经济骗局的产物，就第一次摆脱了实体经济和物理世界的束缚，让一种脱离物理存在的虚拟债务出现在美国金融战役史上，这是金融僭主体制主导美国的深入，也是一次战术与战略的历史飞跃，不论从哪个角度来说，这都是一朵美丽的智慧之花——金融战役之花！

二、罗思柴尔德家族完美的反击——金融狂飙（1796）

"凡治国，令其民争行义也；乱国，令其民争为不义也。"——战国杂家代表人物吕不韦（组织编纂）《吕氏春秋·为欲》

从美国开国两个银行家集团的较量来说，德国犹太银行家集团输得很惨，如果不能做出有效的反击，不是被兼并，就是被赶出苦心经营的北美地区，罗思柴尔德家族如何能接受这个结果呢？

（一）战役第一阶段"制造通货膨胀"——房地产投机浪潮（1794）

"无缝的鸡蛋不生蛆"，金融战役绝非不能防范，问题是：贪婪之心一起，则大势去矣。美国建国之后，百废待兴，美国新兴资产阶级本来就是欧洲各国资本的代理人，虽然欧洲各国对美国"戒心很大"，但这并不影响商业资金流入美国。此时，最为得意的是英格兰银行背后的苏格兰银行家集团（也就是失去了北美领地的英国东印度公司的世袭股东们），他们自以为"丢了面子、赢了里子"，自以为美国是自己的天下了。就开始通过"投诚"过来的美国金融之父罗伯特·莫里斯，在美国开始了疯狂的炒作！这里举一个例子：罗伯特·莫里斯（此人他不再是罗思柴尔德家族的代理人，而是英格兰银行的代理人）仅在华盛顿特区一处，就拥有土地0.36亿亩，约折合24000平方千米！这样大规模的土地兼并，必然引发"土地炒作狂潮（1794）"，房地产和土地狂潮让美国似乎进入了一个"繁荣的历史时期"，恶性的通货膨胀被虚拟经济的魔杖变成了"经济增长"。罗思柴尔德家族秘密地投入大量资金，暗中推波助澜，等待时机成熟。

（二）战役第二阶段"多头借贷"——让英格兰银行跌入债务陷阱

罗伯特·莫里斯空前规模的土地兼并，背后是英格兰银行潮水一样的账面数字"金币英镑"，让他控制了几十万平方千米的土地。这时，英格兰银行还要同时面对一些英镑纸币和账面数字的硬币兑现，一方面他们有大量的金银硬币储备，另一方面他们用"账面英镑"向欧洲大陆进行"金币"置换，也就构成了一个复杂的金币借贷和购买局面。以罗思柴尔德家族为首的德国犹太银团此时已经基本控制了欧洲各国的独立央行，但并没有"找麻烦"，而是积极配合，让英格兰银行的"数字换金币"的金融战骗局实施得"很顺利"。罗思柴尔德家族手头也就积累了大量的金币英镑账面数字，这个阶段大约持续了 20 个月。

（三）战役第三阶段"金币兑现"——罗思柴尔德家族一举控制了英格兰银行，英国苏格兰银行家集团与德国犹太银行家集团开始合流

从 1796 年开始，罗思柴尔德家族主导的各大欧洲银行开始用手中的纸币英镑和账面英镑向英格兰银行提出金币兑换，同时在美国抛售土地，收紧银根，这次"金融危机"，史称 1796 年金融癫狂，大约持续了 2 年。英格兰银行实力雄厚，试图用库存金币平息兑换狂潮，但很快就陷入了无法兑现纸币和账面英镑的尴尬境地，一下子从傲然不可一世到了濒临破产的边缘。这时，他们没有能力继续给罗伯特·莫里斯注入流动性资金。如果罗伯特·莫里斯立刻停止土地兼并，可能还不会出现后来全面崩溃的局面。他依托自身长期以来积累的金币和信用实力，企图用借贷来继续维持土地兼并，继续抬高土地价格（这等于是和罗思柴尔德家族打一场硬碰硬的"对攻"，而没有立刻转入战略防御）。几个月后，他就陷入了流动性枯竭，当他认识到问题的严重性时，已经无力自拔。他这样做的原因，还在于英格兰银行对罗思柴尔德家族太小看了，事实证明他们错了。

罗思柴尔德家族并没有赶尽杀绝，他们立刻向英格兰银行提出大量金币和数量更为庞大的"账面金币"（也就是几家欧洲"独立央行"的银行券），这些债务都是用金币来计算的，也就是说：英格兰银行借入了这些"数字金币"，却背负了天文数字的实体金币债务。从此，罗思柴尔德家族一举控

制了英格兰银行。虽然苏格兰银行家集团一直"很不平",但这两个欧洲跨国垄断金融集团逐渐出现联合大于斗争的局面,趋于"合流"。罗思柴尔德家族之所以可以用"账面金币"强迫英格兰银行接受,就在于他们手中有大量的"账面金币英镑",又控制着欧洲所有的"独立央行",英格兰银行要么承认无力兑现自己账面的金币支票,宣布破产;要么接受罗思柴尔德家族的"账面金币"。这些账面金币,这些欧洲各国央行的"金本位货币账面数字",发行它们的罗思柴尔德家族可以接受,可"英镑账面金币",罗思柴尔德家族却不接受,就这么"简单"地让英格兰银行的世袭股东,咽下了自己酿制的苦酒。

(四) 战役第四阶段"惩罚叛徒"——罗伯特·莫里斯之死

罗伯特·莫里斯的后台英格兰银行都被罗思柴尔德"摆平"了,他所经营的美国土地王国,也就立刻陷入了流动性枯竭。汉密尔顿这时被一个精心策划的"丑闻"搞得辞职了,而且看出罗伯特·莫里斯的"土地盘子"太大——有几十万平方千米!干脆弃车保帅了,"一人家破,再不追究"。罗伯特·莫里斯开始被债权人追账,他躲债,后来发现"人身安全"无法保证,就干脆自首,进了美国监狱。汉密尔顿是美国情报首脑出身,狱卒全都是乔治·华盛顿手下的"老大陆军",监狱反倒比家里安全。在费城的"剪除街监狱"(Prune Street prison,1798.2~1801.8)呆了几年,避过风头后,宣布破产回家。1806 年 5 月 9 日,他非常乐观地筹划"东山再起"的时候,突然暴毙。["莫里斯因局势逆转在晚年失去了所有的财富。虽然因债入狱,但他仍保持着天生的乐观,直到生命的终点,仍计划开创新事业。"参考文献:(美)丹尼尔·格罗斯著,杨美玲译.福布斯二百年英雄人物榜.中国海口:海南出版社.1999)]。

三、美国第三央行·第二合众国银行

(一) 背景

罗思柴尔德家族并不容易,他们成为美元世界的世袭金融皇族,不是一蹴而就,而是 200 多年的苦斗!年轻干练的梅耶·罗思柴尔德成为德国犹太金融资本代理人之后,逐渐将其家族化,直到内森·罗思柴尔德的手中,才逐渐完成了这个"夺权大计",历时近半个世纪。然而,罗伯特·莫里斯这个银行代理人的背叛，几乎毁了罗思柴尔德家族苦心在美国建立的美国第一央行·北美银行，成了他人的嫁衣，而且反过来养虎为患，反噬其主。从战略层面来说，金融僭主没有认识到资本怪物是一个有生命的"集群生命形态"，在有计划、有组织地操纵它的奴隶，金融僭主体制在逐步毁灭人类文明的同时，也必然随之灭亡，这是人性和私有制的悲剧与代价；从金融战的技术层面来说，罗思柴尔德家族做出了近乎完美的调整，在世界金融战役史上留下了可圈可点的一笔。

乔治·华盛顿是罗思柴尔德家族扶植的现代共济会军事代理人，亚历山大·汉密尔顿是情报首脑（因为那时没有中央情报局和美国联邦调查局，汉密尔顿建立的美国财政部是美国早期唯一的秘密情报机构）和共济会美国外交团队的柱石，它所建立的"制宪派"则是美国法律门阀世家的基石……他们的联手"背叛"，是一种必然的结果，罗思柴尔德家族经受住了这场严峻的考验。他们因势利导，打垮了英格兰银行，使之臣服于自己。

但是，金融僭主集团缺乏道德纽带，没有民族情结，崇尚背信与阴谋，否定社会传统道德，唯一的"黏合剂"是血缘（联姻）和金钱。可是在赤裸裸的分赃大厅内，血缘和授予金钱的恩情又显得微不足道，罗思柴尔德家族很快就发现，他们用来攻讦和消灭"叛变势力"的托马斯·杰弗逊所创立的"美国民主共和党政客集团"，在一枝独大之后，就不听话了！这就是第二次美英战争与美国第三央行·第二合众国银行体制出现的历史背景。

（二）美国第二央行·美国第一合众国银行体制的覆灭

在美国金融战役的历史中，阴谋、破坏与攻讦是"主旋律"，但这并不影响他们的"联姻"与"友谊"，拉拢是策略，铲除是目的，兼并是内容。比如，汉密尔顿主导的美国第二央行·美国第一合众国银行，罗思柴尔德也是股东之一，汉密尔顿也接受过他们的资助，和银行家亚伦·波共同建立的华尔街曼哈顿公司（汉密尔顿是假装清廉，身为美国财政部长，私下联合外国银行家族，是美国建国初期的金融窃国大盗、卖国巨贪。这个不起眼的小机构，从他建立美国合众国第一银行开始，就是以后所有央行的股东，包括美联储这个私有金融公司也是乔治·华盛顿集团的"小金库"），在他死后也被罗思柴尔德家族接手，后来（1955）干脆被划入纽约美联储世袭股东，犹太银行家洛克菲勒的大通银行，改名为"纽约大通曼哈顿银行"，汉密尔顿生前恐怕没有想到这些。

汉密尔顿被枪杀之后，"美国民主共和党"在美国政坛一枝独大，他们不喜爱这个有着太多汉密尔顿痕迹的美国第一合众国银行，也不喜爱它背后的"第一华尔街"，这是一个汉密尔顿和乔治·华盛顿联手建立的跨国利益集团，规模很大，根深蒂固，如果没有一次彻底的金融战役，则"斯人虽去，影响犹在"。

图片说明：乔治·克林顿（George Clinton，1739.7.26～1812.4.20），美国军人、政治家，民主共和党员。1805.3.4～1812.4.20，两任美国副总统。他是美国历史上仅用一票，就摧毁了美国国父华盛顿和汉密尔顿建立的"第一华尔街"体制，一举毁灭了这个庞大的金融情报利益集团的人，代价也不低——第二年（1812），他突然暴毙，死在任上。

詹姆斯·麦迪逊，原"制宪派三杰"之一，在背叛了"制宪派"之后，在1809年3月4日～1817年3月4日，连续担任了美国第六届、第七届总统（他是美国第4个总统）。当时美国有点规模的华尔街国民银行（美国中央政府批准）、州立银行（州政府批准）已经达到了88家，各种小金融机构和"乡村银行"（按规定要有5万美元自有资本，但几乎没有任何限制，就可以发"银行券"）数不胜数，整个国家金融秩序一片混乱。他就利用这个机会，1811年，在罗思柴尔德家族与美国民主共和党的配合下，成功地挫败了"第一华尔街"的强大反弹，在众议院以1票之差惊险的通过。参议院竟然出现了史无前例的平局，最后由美国副总统乔治·克林顿（生卒1739.7.26～1812.4.20，在任1805.3.4～1812.4.20，他的前任就是枪杀了汉密尔顿的阿龙·伯尔）出面，一举摧毁了第一华尔街主导的美国"第一合众国银行券体系"，彻底铲除了乔治·华盛顿集团在华尔街的残余势力，为建立罗

开国的苦斗——美国金融战役史

思柴尔德家族主导的美国第三央行·美国第二合众国银行，铺平了道路。

第一华尔街

以乔治·华盛顿为代表的美国新兴资产阶级利益集团与美国新军事门阀集团，在汉密尔顿的精心协调下，在共济会框架内，建立了一个有着"广泛代表意义的"以美国第二央行·美国合众国第一银行为中心、签署"梧桐树协议"的银行家集团为拥趸、乔治·华盛顿为首的新军事门阀集团和以汉密尔顿为首的情报集团统领下的对美国各阶层进行财富转移的"分赃联盟"，他们利用债务货币理论骗局，制造了一笔根本就不存在的，约1.26亿美国国债，以高额利息（6%）制造了超过美国政府税收的"利息收入"、债务和债务利息的增长速度从此超过美国国民生产总值和实体经济的增长速度，秘密建立了一个广义财富转移机制和现代虚拟经济体系，永远地、残酷地、极度不公正地奴役着包括美国资产阶级在内的美国各阶层。这个"国有私营"的金融情报集团，包括美国早期的特殊的情报金融内卫机构"美国财政部"（相当于我国明朝的户部、锦衣卫、东西厂、内行厂、内库的所有权力和"3大私有银行，1大保险公司"，开创了美国华尔街体制和美国金融僭主体制，但是他们从一开始就是一个有着鲜明英格兰银行分部特征的金融势力，必然遭到了以罗思柴尔德家族为首的德国犹太银行家集团的激烈反击，以至在1792～1812年近20年时间里，这个集团日渐式微，直到"美国第一合众国银行券体制"灭亡，他们要么被兼并、要么破产、要么核心人物"去世"，这个奠定了华尔街基石，开创了华尔街金融中心的庞大金融集团，最终灭亡了——这就是美国金融战役史上的"第一华尔街"（即："第一华尔街体制"）。

（三）美国第三央行·美国第二合众国银行

1. 无奈的选择

"第一合众国银行券体制"的瓦解，不完全是银行家集团内部斗争的结果（因为那样就不必彻底瓦解这个体制，幕后"协调"即可，所以罗思柴尔德家族对此并不满意，这是一个"无奈的选择"），很大的推动力量来自美国社会的觉悟和痛苦。美国中下层的工人和农民，并没有立刻认识到"独立央行体制"和"债务货币理论"的可怕，但美国新兴资产阶级和新兴军事门阀比较早地察觉了这个金融战阴谋（如果他们没有私心，也不短

124   金融刺客——金融战役史系列丛书

视，则问题很好解决），他们至少明白企业、农场、矿山逐渐归了那些开出账面数字来垄断行业竞争的银行家族（比如后来，由摩根财团支持的洛克菲勒工业集团），政客集团则逐渐丧失了对法律、国策和局势的影响力，逐渐沦落为华尔街金融僭主家族的仆役集团。他们就此成了一股推翻央行体制的合力，罗思柴尔德家族因势利导清除了乔治·华盛顿金融集团之后，又面临一个如何重新建立一个自己可以绝对主导的央行体制的难题，战争无疑是制造财政缺口和"协调美国舆论"的最佳途径。

"从 1783 年到 1789 年，邦联从各州获得款项不过 200 多万美元，而此时美国仅欠外债的利息累积已达 950 万美元。"[参考文献：张少华.亚历山大·汉密尔顿的财政金融改革.北京：中国社会科学院美国研究所所刊.1994，3]，美国政府在汉密尔顿时期就被人为地制造了一个"破产运行的局面"，完全依靠华尔街的金融僭主家族幕后政府维持运行，没有服务于美国人民的能力（破产的政府对人民的财政援助又从哪里出呢？）。如果仅仅是依靠战争制造了财政缺口，那么顶多造成美国政府货币贬值，不一定会导致银行家族控制美国货币发行，这里的奥秘依然在——金本位骗局。

1792 年 4 月，汉密尔顿提出了《美国造币法案（1792）》，得到了乔治·华盛顿的全力支持，立刻就在国会通过变成了美国的法律！这个法案规定，美国货币实施金银抵押制度（美国政府变不出金银，就只能向"国际债权人"借贷，这就是以国会法案来颠覆美国宪法，变相推行"强迫债务货币体制"的一个巧妙的金融战策略），也就是所谓的"金银复合本位"，金银比价为"15 银：1 金"（单位同），1 美元等于 24.75 格林（1 格林＝64.79891 毫克，故 1 美元≈1.6037 克黄金，即"1 盎司黄金≈17.6767 美元"），这就把美国政府的路给堵死了！

2．甜蜜的一刀

第二次美英战争（有时仅称"美英战争"，1812.6.18～正式 1814.12.24，实际 1815.1.8）的战争责任是一个历史疑案。英国认为是美国向加拿大进攻而挑起了战争，并且也是美国首先宣战；美国认为英国扣押美国货船和水手，迫不得已宣战自卫。但实际上，战争是罗思柴尔德家族用一笔巨额贷款挑起的！

1803 年，罗思柴尔德家族的法国家族分行洛希尔银行已经控制了法国央行·法兰西银行，这让金融战役的骗局得以顺利实施。罗思柴尔德家族提出借给美国一笔巨额金币贷款 0.18 亿美元，用来购买北美的法属殖民地。乔治·华盛顿集团已经分崩离析了，有银行家朋友主动拿出这么多金币来替美国"开疆扩土"，美国政客集团何乐而不为呢？美国此时的国债已经数以亿计，根本就不在意再增加一些，更何况这是 0.18 亿美元的等值金币，而不是银行券呀？

当时，法国的拿破仑本身就是罗思柴尔德家族在雾月政变扶植上台的一个代理人，他此时面临的问题很多，尤其是财政问题，于是立刻就同意了这个买卖。这里面还有一个问题就是：法国并没有真正控制那些北美土地，是拿着原来占领的英属北美殖民地卖钱，又避免了与美国的军事冲突（这个"遗留问题"，一度造成美法军事对峙，差点开战），罗思柴尔德家族又卖了法国一个好，真是一个在大西洋两岸抛撒金币的"财神爷"！

1. 罗思柴尔德家族一个金币也没有出，就拥有了美国 0.18 亿美元的债权，利率 6%。因为他们仅仅开出了一张罗思柴尔德家族银行的支票，上面写着 0.18 亿美元的"账面金币"，但法兰西银行控制在洛希尔银行家手中，他们二话不说，就收了这"0.18 亿美元的账面金币"，这就是金融战役的小秘密。

2. 美国"买"了本来就是美国的领土（原来大多是英属北美殖民地），还平白欠下罗思柴尔德家族一笔巨额债务，每年利息超过当时美国联邦政府的税收（签署这个协议等于卖国）；法国失去了土地（虽然"治权不清"），得到了一堆数字（这是什么性质的问题呢？），也没占任何便宜（所谓的数字货币，最后用法郎通货膨胀来"消化"，还失去了鲜血换来的土地），英国则非常"痛心"和"尴尬"——那些土地都是英属北美殖民地呀！所以，英国就在海上找"平衡"，雇佣一些海盗，派出一些军舰袭击美国商船，占些便宜，如能给美国贸易造成压力，形成对美国的"封锁"则更好，至少"出口恶气"——英美两国本有宿怨，这场战争还能打不起来吗？

罗思柴尔德家族的金融战役阴谋，直接挑起了第二次英美战争。

法国才是美国独立战争的主力

"1781 年春，英国海军占有绝对制海权，英国人几乎完全控制了以商贸为本的北美 13 个殖民地的所有良港，掌握了北美 13 个殖民地的脉门。美国大陆军队伍不足 4000 人，由于充当军饷的大陆币一文不值，已经有将近 10% 的军队发动兵变。法国皇家军队的陆军中将罗尚博伯爵借给华盛顿 12 万利弗尔（银币）发军饷，对于稳定军心起了重要作用。法国主导了美国独立战争。关键的约克敦战役中，大陆军投入兵力约 9500 人，法国投入兵力约 18300 人。在海上，法国 32 条战列舰对英国 18 条战列舰占据了绝对优势。大陆军火炮数量仅占美法联军的 8.54% 左右。"[参考文献：程碧波著.财富战争.北京：中国纺织出版社.2008]

所以，法国"最冤"，在这种历史喜剧的背后，则是跨国秘密商业情报组织共济会对法国军队将领和拿破仑家族的控制，也是秘密金融社团对欧洲国家严重危害的一个经典案例。

3．美英财政同时崩溃，罗思柴尔德家族的债务控制彻底形成

这场仗打了几年，美国政府破产，军事溃败，白宫都被英军烧了，大批士兵整建制投降；英国财政破产，完全靠罗思柴尔德家族主导的英格兰银行制造英镑"账面金币"和罗思柴尔德家族控制的欧洲各"独立央行"的"认可"（否则英国政府立刻就崩溃了）。当双方都快进"太平间"的时候，罗思柴尔德家族让英格兰银行通知英国政府：战争不能持续了，英国财政无力支持（不能保证继续印刷"英镑金币"了）。英国立刻就与美国签署了《根特和约（1814.12.24）》，美国一直被打得狼狈逃窜，就趁着美英签署和约后的一段时间，假装不知道，狠狠地打了英军一个措手不及，这是第二次英美战争中美国最大的胜仗，史称"新奥尔良大捷"（即：第四次新奥尔良战役）。这场不光彩的"胜仗"从 1815 年 1 月 1 日开始，打了 7 天，到 1815 年 1 月 8 日结束，开战之时，停战条约已经签署了 1 周（英国史学界对这场战斗，至今还"耿耿于怀"，那种有关"新奥尔良大捷"迫使英军签署停战协议的说法，是伪史）。

4．美国第三央行·美国第二合众国银行券体制的建立

美国建国初期，只有北美银行一家合法的银行，汉密尔顿设立了 3 家银行，这些银行都在发行"银行券"牟利，1811 年 88 家，1816 年 246 家。这时，遍地都是州立银行，每一个村落都有乡村银行，都在发行"银行券"。美国人民困苦不堪，金融秩序和交易信用全面崩溃，仅美国联邦政府欠下银行家的债务 1.2733 亿美元，这不包括美国各州欠下的债务和美国各级政府欠华尔街和各州银行家的"债务货币抵押债务"——这个数字超过美国发行过的所有货币的总和（因为发行一个美元，就要有 1 美元的抵押国债，仅第二次英美战争期间，美国联邦政府就发行国债 0.8 亿美元，华尔街集团承销后，仅支付给美国政府 0.34 亿美元，不到 8 年的利息就可收回，仅相当于 35 年后 1 年的"利息形成的新债权"），超过 10 亿美元，每年利息

最少 0.6 亿美元，远远超过美国税收，美国人民辛辛苦苦的收入，被银行家联合政客集团，掠夺一空，这是令人震惊的一幕。

此时，汉密尔顿的"老友"，共济会成员詹姆斯·麦迪逊，也就是慷慨激昂地抵制"独立央行体制"的那个詹姆斯·麦迪逊，他接受了罗思柴尔德家族南卡罗来纳州的大银行家、参议员约翰·卡尔霍恩（John Calhoun）1816 年 3 月 14 日提出建立"美国第二合众国银行"的建议，即"美国第三央行"。除了 80% 由"国际债权人集团"和 20 年的特许证期限外，这个央行还将注册资本增加到了 0.35 亿美元，全国设置 28 个"央行分部"（汉密尔顿那时只在费城、波士顿和纽约建立了 3 个央行分部，还没敢如此大张旗鼓地垄断美国金融体系），总部设在费城，避免人们对华尔街银行家的厌恶，名称也没有"央行"两个字，以免人们明白正在发生什么。（"执照规定，在 0.35 亿美元的资本中，由政府认购 20%，并且在 25 名董事中，有 5 人应该由总统指派。新银行的纸币可以用以支付联邦税款"，参考文献：王书丽.美国银行管理双轨制及其成因剖析.天津：教学研究·高校版.2008，5）

美国第三央行·美国第二合众国银行的股东们依然用"第二合众国银行券"支付了注册款，然后开始收购美国国债，放出流动性，美国新一轮"大繁荣"开始了。

四、"十年金融危机体制"的确立

（一）背景

原始社会经历了很漫长的时期，这个时间根本就没有私有制，大多数社会成员并不比"先进的"奴隶制社会中的奴隶生活得更糟，人均寿命也是 20～30 岁的水平。奴隶制社会中的大奴隶主所享受的生活品质与创造社会文化的水准并不比"先进的"封建社会差，甚至远远高过农奴阶层。这就是人类文明发展的复杂性与辩证性的矛盾关系。资本主义社会是出现于奴隶制社会、发展于封建制社会的私有制"开花结果"的历史时期，璀璨的工业文明，如同魔法一般呼唤出了无数的物质财富，这是资本主义的伟大贡献，是私有制社会最辉煌的时刻！可是，人们似乎已经忘记了物质世界，不应该由某个家族来世袭拥有；人类文明的一切权力，也不应该由某个家族来世袭拥有，私有制在经历了工业革命的伟大洗礼后，已经开始鸣唱天鹅之歌——规律性的、人为的经济危机。

资本主义社会的经济危机，不是由于市场经济的无规律和无秩序导致的，因为奴隶制社会、封建社会、资本主义社会都有国家来统一管理，无规律、无秩序的市场经济从来就是不存在的，人类社会的市场经济必然是计划经济，人类智慧的溪流，不是漫山遍野的洪水，自从人类社会有了群体概念后，就不存在没有计划的市场经济。所以，市场经济就是计划经济，两者的对立不是来自马克思的资本论，而是来自华尔街在 20 世纪末推动的所谓的"西方主流经济学"的一个伪命题。美国建国后，有着完善的学科体系，有一个拥有良好教育水准的资产阶级政客集团和一个庞大的技术官僚体系，为什么会眼睁睁地看着美国社会有规律地爆发一次又一次"金融危机"？

答案是如此简单又如此沉重：资本凝结不论在奴隶制社会、封建社会，还是资本主义社会都不可避免，因为大资本会取得政权优势，小资本无力对抗，大资本集团之间的斗争又会异化成残酷的权力之争，血缘、家族、世袭等私有制概念的介入，又导致这种矛盾可以用联姻、结盟来调和和掩盖，但无法根本消除。奴隶制社会的资本凝结主要表现在奴隶和土地的拥有，但大奴隶主最辉煌的时刻，也就是社会奴隶最多的时刻，不公正、不公平、不人道的社会平衡也就随之被打破了；封建社会资本凝结的核心就是土地，土地兼并是每一个成熟的封建王朝最终走向灭亡的必由之路，因为土地兼并不仅导致流民之祸，而且导致了领主割据现象，土地兼并最辉煌的时候，封建王朝也就要灭亡了。

资本主义社会资本凝结的核心，是金融资本。金融资本来自实体资本，本来是实体资本的镜像，但却逆向控制了实体经济，随着工业革命的发生，工业革命的果实却被控制着金融资本的一些银行家族篡夺，**自由竞争的资本主义形态，恰恰出现在落后的、开荒阶段的、第三世界国家的某些地理和产业局部，在欧洲工业革命的历史范围内，并没有系统形成**，就直接进入了资本大小主导一切的金融主义阶段。又由于现代科学技术的发展，出现了广阔的全球性历史舞台，这就影响了资本主义社会的资本凝结形态和方式，跨国垄断金融资本没有民族、道德的束缚，心无挂碍地开始了"最有效率的资本凝结"——广义金融战役。

他们利用金融资本在跨国范围内有计划、有规律地制造实体经济与虚拟经济之间的、人为的矛盾，把流动性不足和流动性过剩当作一组可以用数字模型精心计划的金融战工具，轻松地在全世界频繁制造以"金融危机"

为特征的经济危机。这种可控性、学术性、计划性、规律性本身，也反映了"金融危机"的人为性和不可避免性，因为法规可以调整、经济政策可以改变，但控制着一个国家货币、金融、经济、财政、预算、情报的华尔街银行僭主家族，却没有任何一个可以与之抗衡的力量，可以阻止他们用"破坏·恢复·豢养·再破坏……"的模式，不断增加虚拟经济对实体经济的主导，这种看似巩固了金融僭主家族世袭的资本凝结之战，大约每隔10年，就在美国社会爆发一次，都是以华尔街向美国实体经济和虚拟经济注入货币制造"大繁荣"开始，而以华尔街突然打着"抑制通货膨胀和经济过热"的名义收紧银根制造"大危机"而凸现，又以华尔街对其索要凝结的虚拟经济和实体经济部门"注入货币流动性进行援助"为名义、大规模的秘密转移所有权为终结，无一例外。

这种金融主义历史阶段特有的资本凝结模式，是利用金融资本控制政权，然后颠覆性地打破市场经济游戏规则和私有制所有权原则，利用非法的手段，披着合法的外衣来进行的一次又一次有计划的金融战役，开始是针对美国中下层的掠夺，然后是针对美国中小资产阶级的兼并，目前已经进入了消灭大银行家族和自身代理人家族的历史阶段，这是金融僭主体制从集团幕后统治模式进化到僭主皇族幕后统治模式的标志和信号。金融战役学把美国社会这种持续地、有计划地、有规律地、以资本凝结为目的、大约10年必然要爆发一次的"金融危机"的战术内容总和，称为"**十年金融危机体制**"。

（二）美国"金融危机"(1819)

1817～1825年，史称美国"第一黄金时代"（"美国梦"为特征）；1913～1928年，史称美国的"第二黄金时代"（大工业生产为特征）；1991～2006年，史称美国的"第三个黄金时代"（"信息产业"为特征，也有人说以"冷战红利"为特征，此处的"史称"，特指美国金融战役史），果真如此吗？

1816年，罗思柴尔德家族继"北美银行券体制"后，第二次主导了美国的货币体制，建立了一个家族世袭拥有的央行体制，洪水一样的"美国第二合众国银行券"流遍了美国大地，土地、股票、债券的价格一日三涨，人们兴高采烈地享受着虚拟增长的盛宴，完全忘记了这不过是恶性通货膨胀的序曲。由于这种名义上的金本位货币，摆脱了硬币总量的束缚，让美国实体经济的小狗，有了一个宽松的狗圈，贪吃地啃掉了大片森林和资源，许多北美独有的物种就在这个时期绝种了。但是，实体经济却飞速地发展了起来，以一种畸形的方式摆脱了黄金枷锁的美国人民享受着飞腾的统计数字和拔地而起的工业文明，的确是一个黄金时代。问题是，金本位本来就是一个金融战骗局，摆脱它可以带来实体经济的发展并不错，但要通过政府发行，而不能由私人家族世袭主导，因为央行体制出现的结果就是"国际债权人集团"篡夺了大多数实体经济的所有权和果实，又通过滥发金本位的债务货币，让美国人民空欢喜一场——果实累累，汗水浇灌，却归了华尔街。

虚拟增长的实质是一种最惭愧、最危险、最摆脱、破坏力最大经济危机，内容是通货膨胀，特征就是"**物价上涨在美国国民经济统计中不再记入通货膨胀一栏，而是记入了国民生产总值的增长一栏**"。但金融战役的骗局，不能长久掩盖金融危机，华尔街金融僭主有了"春种"，也需要"秋收"，更重要的是此时，如何摧毁中小银行家，这是 19 世纪美国金融战役的主题，**华尔街一直是华尔街金融僭主的最大敌人**。此时，美国资本家和农产主都在兴高采烈地扩大生产规模。截至 1819 年为止，用未归还贷款维系的农业和工业用地，达到了 2100 万亩，约折合 14000 平方千米。可以想象一下，这样一个规模的房地产借贷规模，如果全部变成"坏账"，华尔街会是个什么局面？

1819 年，以罗思柴尔德家族为首的美国第二合众国银行世袭股东集团，打着防止美国经济过热的旗号，突然收紧银根，向美国国民银行、州立银行、乡村银行、金融公司提出流动性问题，然后抛出了"一揽子金融稳定措施"，立刻就酿成了 1819 年美国"金融危机"，特征就是：突发流动性全面枯竭。

1. 增加美国北部工业区和金融区税收，减少美国南部农业品和矿产品税收。——此举为了制造美国内战，扩大对美国政府的债务控制力度，打下了一个坚实的"经济基础"，有效地遏制了美国工业化进程，制造了广泛的实体经济资本家、中小银行家的破产和代理人化。

2. 对于"低信用者"和"高风险领域"，硬性中止信用兑现，在美国社会强行推行金币、银币支付。——此举，用金本位的细小绞索，套在了远远超过黄金可以表示的美国实体经济巨人的脖子上，还有哪个人不是"低信用者"，还有哪个领域不是"高风险领域"呢？罗思柴尔德家族释放的是"金本位货币洪水"，却要求美国人民用金币和银币归还，美国金币和银币从此全部到了罗思柴尔德家族手中。

3. 强行限制美国中小银行开放信贷，并立法严惩"高利贷"。——这就断绝了美国金融市场自我调节的可能，人为制造了全美国银行系统终止信贷的荒谬局面。

4. 由金融专家"精心选择"一些"诚信和有能力的债务人和金融机构"，直接免除全部或部分债务，予以"流动性注入"，以缓解其"流动性短缺"。由美国政府大规模发行国债，推动公共建设，由"中立的民间专家精心挑选"一些"诚信的、有能力的"企业承接这些大工程，间接推动社会消费。——这就是"所有权秘密转移、债务枷锁日甚、一分钱不花"的华尔街资本兼并模式。被注入流动性的企业，免除了破产之祸，但所有权归了央行的"国际债权人"，美国国债由"国际债权人"用央行券支付，一分钱都没花，就得到了可以永远延续的巨额债权和利息，合法地奴役着美国人民，把美国政府的税收机制，变成了一个替"国际债权人"收税的傀儡。

（三）历史的"意外"——美国第二合众国银行券体制的崩溃

有关美国安德鲁·杰克逊"杀死银行"的说法，主要来自当时的竞选语言和后来一本宣扬美国"民主制度"的书《美国民主之路——从杰克逊到林肯》[（美）Sean Wilentz（肖恩·沃里茨）著.The Rise of American Democracy·Jefferson to Lincoln（美国民主之路·从杰克逊到林肯）.美国纽约：W.W.Norton 出版公司.2005]，后来《货币战争》中也沿用了安德鲁·杰克逊与银行家恶斗，并"杀死了银行"的说法，这个"喜洋洋打败灰太狼"的故事流传很广，脍炙人口，几乎成了"历史"本身——但是，历史真相并非如此，那是一场沉重、肮脏和欺骗的丑剧。

安德鲁·杰克逊是罗思柴尔德家族选择的坚定的代言人，他由于惨痛的个人经历（请参看拙作《货币长城》），对英国东印度公司背后的苏格兰银行家集团痛恨到了极点，这样他和罗思柴尔德家族一拍即合。罗思柴尔德家族虽然控制了第二合众国银行券体制，但就如 2007 年以后美联储的专家开始宣扬美联储股东建立并拥有的"国际货币基金组织"的"金本位特别提款权"（也就是臭名昭著的"纸黄金·SDR"骗局），这个"似乎很新颖的金本位世界货币"来替代美元体制一样。罗思柴尔德家族需要一个新的"债务货币体系"来一次性赖掉"第二合众国银行券"欠下的"广义债务"——他们开出了无数的账面金币，最后如何兑现？！

图片说明：1833年，美国媒体称赞安德鲁·杰克逊终结美国央行体制，这说明"独立央行"已经让美国人民痛恨不已。右边安德鲁·杰克逊举着的是"终结授权书"，中间头上长角的魔鬼是央行行长尼古拉斯·比德尔，左下的是央行官员，左上是投机商，他们都在倒塌的央行中四散奔逃，那些飞舞的报纸上都是欢呼的言词。

这个难题，需要由一个人来解决，还要让华尔街"盟友"误以为这是"很无奈的赖账（不是本意）"，并承担美国金融体制震荡的后果，他们就选中了安德鲁·杰克逊。美国民主共和党人安德鲁·杰克逊，1828年组织一批人成立了美国民主党，原来的美国民主共和党，就变成了美国共和党（名称演变还有一段时间，与本书无关就不多说了），他本人是美国第七任总统，1829年3月4日至1837年3月4日，是美国第十一届、第十二届总统，后来还担任过美国大法官，是美国历史上唯一一个身兼"将军、总统、田纳西最高法院大法官、参议员、众议员"的一个"涉足"司法、行政、军事等各个领域的"全才"。他和美国银行家斯蒂芬·盖瑞德（Stephen Girard，1750.5.20～1831.12.26）唱"白脸"（反对华尔街的"正义一方"），亨利·克雷（Henry Clay，1777.4.12～1852.6.29）和银行家尼古拉斯·比德尔（Nicholas Biddle，1786.1.8～1844.2.27）唱"黑脸"（华尔街的"邪恶的一方"），在这出丑恶的闹剧中，美国的"民主政治、自由选举"的肮脏和龌龊，得到了充分的展示。

第八章

另类的金融危机

一、银行家尼古拉斯·比德尔的"完美圈套"

（一）人物背景的简介

1.**亨利·克雷**，这是安德鲁·杰克逊的竞选对手（1832），他和安德鲁·杰克逊一样，都是美国民主共和党人。为了演好 1832 年这出"敌不知，友不疑"的金融战历史正剧，安德鲁·杰克逊在 1828 年建立了"美国民主党"，人员就是美国民主共和党的部分成员，亨利·克雷大约在 1824～1833 年之间，逐步建立了美国辉格党，成员是原来的"联邦宪法党"（过去服务于苏格兰银行家集团，罗思柴尔德控制了英格兰银行，他们就投诚了，需要一个"首脑"）和美国民主共和党的成员，他在 1832 年和安德鲁·杰克逊唱对手戏。所谓的"美国第二政党体制"，就是把美国民主共和党一党，弄成几个名义，让美国人民来"自由选择"，这种选举看似激烈、热闹、精彩，实则黑暗、龌龊、肮脏，是金融僭主手中的几个傀儡。

图片说明：亨利·克雷（Henry Clay，1777.4.12～1852.6.29）。

他是个丑角，宣扬自己是银行家代理人，美国各阶层恼怒到了极点，罗思柴尔德家族给了他300万美元赞助，用来宣传他是华尔街用来统治美国新兴资产阶级和军事门阀集团的人物，目的就是不让他当选[他是共济会会员第二任第三届总统"老亚当斯"（生卒 1735～1826）的长子，第七任第十届总统"小亚当斯"（生卒 1767～1848）明确"留用"的国务卿（任期 1825.3.7～1829.3.3），他自己知道这是怎么回事，"央行行长"尼古拉斯·比德尔却可能一直蒙在鼓里，这就是罗氏之智，金融战役之险]。

2. **银行家尼古拉斯·比德尔**，此人还真有点值得同情，他是一个很典型的被出卖的银行代理人。他是罗思柴尔德家族雇用的"美国第二合众国银行"的负责人，一直真心实意地维护华尔街和罗氏的利益。美国第三央行·美国合众国第二银行的特许授权应该到 1836 年才结束，他却在 1832 年提出了延期的法案，专门挑安德鲁·杰克逊刚刚连任，风头正盛的时候，他明知安德鲁·杰克逊是一副反对"延期"的架势，并且势不两立，他为什么要这样做呢？这是他苦思冥想出来的"个人复仇计划"，是一个精彩的陷阱！可是，这个精彩的阴谋，却是一个更大阴谋的组成部分，银行家尼古拉斯·比德尔则根本就不知道！

图片说明：银行家尼古拉斯·比德尔（Nicholas Biddle，1786～1844），时任美国第三央行·美国第二合众国银行行长。

这个美国金融战役史中的"**计中计、谋中谋**"精彩到了极点：1831 年，他的亲弟弟托马斯·彼德尔（Thomas Biddle，1790.11.21～1831.8.29）被当时第一任任期内的安德鲁·杰克逊总统的亲信、年纪轻轻就当上密苏里州**州务卿**的斯宾塞·达尔文·皮特斯（Spencer Darwin Pettis，1802～1831.8.28，该州的"皮特斯县"，就是以他命名，他是州务卿的说法，有待商榷，可能是翻译问题。在当时各州自治的历史时期，这个职务实权极大，相当于一个欧洲国家的宰相），在1831年8月27日开枪打中（开枪者皮特斯也中了枪）。皮特斯1926年7月22日，就当了州务卿，那一年他才24岁，没有学历，美国早期的律师事务所都是犹太银行家建立的，直到今天。他在参加预备役时学过一点法律，然后就被大律师事务所培养和雇佣，给他钱"独立开业"，成了一个律师，可他仅仅是一个参加过预备役的学生兵（这是另一个悲剧性的人物，由此可见这个金融战阴谋开始得很早），不知道美国社会的险恶和黑暗。

他们两个血流满地、不省人事，很快都死了，后来警方就说他们"决斗"，同归于尽了。不论历史真相如何，第二合众国银行的"总经理"，闻知弟弟惨死，痛断肝肠！他哪里会相信警方"决斗"的说法，但无可奈何——"凶手"死了，死无对证！他恨死了安德鲁·杰克逊（但这件事却很难说是不是安德鲁·杰克逊暗中指使，并且两个人同时遭人枪杀的可能性极大，而不是"谁袭击谁"或者"决斗"，不恨杰克逊，又能把这笔账记在谁的身上？安德鲁·杰克逊确实很讨厌他们兄弟，恐怕不会流眼泪，"决斗"之说草草结束了警方调查，很可能就是授意于安德鲁·杰克逊本人），把眼泪藏在心里，精心设计了一个致命圈套，要整死安德鲁·杰克逊，为弟弟报仇。

这个计划是这样的：他在1832年，安德鲁·杰克逊第二次当选前，就支持**"亨利·克雷"**，结果不成，就提前5年抛出了一个"延长美国第三央行"的提案，这种过早提出，有充分讨论和思考时间的做法，并不明智。但这恰恰是**"银行家尼古拉斯·比德尔"**高明的地方——他估计安德鲁·杰克逊会乘着选举胜利的态势，一举否决，这样就会让安德鲁·杰克逊与整个把持着美国金融、货币、情报体系的华尔街金融僭主集团发生面对面的冲突，安德鲁·杰克逊不死，也要"扒层皮"。如果对手是一般人，又何需"央行行长"如此呢？可对手是背景复杂的美国总统，他虽然咬牙切齿，但也只能"以智取胜"。

3. 美国银行家斯蒂芬·盖瑞德，虽然不引人注意，却是这场欺骗了华尔街和美国人民的骗局的核心人物。罗氏建立的美国第一央行体制，随着代理人罗伯特·莫里斯的背叛、破产与去世，就泡沫化了。汉密尔顿建立的美国第二央行·美国第一合众国银行，仅仅在1811年取消了发行货币的

"独家授权"（还可以发行，但不是独家授权），这家银行就被历史遗忘了。但罗氏没有忘记！法兰西央行的"大股东"，法国洛希尔银行（罗氏法语音译）的代理人，美国法裔银行家斯蒂芬·盖瑞德秘密购买了美国第一合众国银行所有的股份，甚至包括建筑物、装饰物，改头换面为"斯蒂芬·盖瑞德银行（Stephen Girard Bank）"［参考文献：（美）Burton Alva Konkle（伯顿·寇克）著.Thomas Willing and the first American financial system（美国第一合众国银行体制，199 页）.美国费城：University of Pennsylvania Press（宾夕法尼亚州大学出版社）.1937］，"新银行"在 1812 年 5 月 18 日开业，连出纳员都是原班人马［乔治·辛普森（George Simpson）等人］。

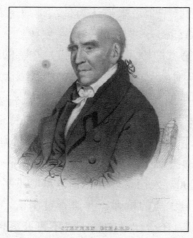

图片说明：银行家斯蒂芬·盖瑞德（1750～1831）。

（二）"神奇的暗杀"、"神秘的大火"、"分赃制度（即：回报制度）"、"无债与巨债"

美国第三央行·美国第二合众国银行行长尼古拉斯·比德尔处心积虑要给弟弟报仇，还试图利用罗思柴尔德家族，可他和其他股东被耍了！1832 年，安德鲁·杰克逊否决了"延长央行寿命的法案"，并在 1833 年 9 月，让财政部长罗杰·塔尼（Roger.B.Taney）把存储在美国第二合众国银行的国库储备全部取走，秘密存入了"一家不知名的州立银行"（宾夕法尼亚州批准的私人银行）——"斯蒂芬·盖瑞德银行"，美国国库从此由罗思柴尔德家族一家"打理"，再也没有了 25 个股东的央行董事会。这个州立银行，还在发行货币，这是美国在 1913 以前，一直实施的"货币发行多轨制"（美国财政部、特许央行、州立银行、外国金银币"铸币商"、乡村银行、犹太投机商等)。因此,从1832年至1913年,美国货币和财政已经完全由罗思柴尔德家族,通过这种荒谬的"货币发行多轨制度"和国库私存体制,牢牢地控制了美国的一切财富,并且从债务货币体制中,得到了美国各阶层的所有昨天、今天和明天的财富(债务货币骗局制造的虚假"债权"由于利息累加,会超过货币发行总量和美国实体经济本身),而这一切都是安德鲁·杰克逊总统所赐。但是,那些第三央行世袭股东们的怒火如何平息呢?如何不让那些银行家明白过来呢?

1. 神奇的暗杀

1835年1月30日,一个后来被认为是精神病患者而释放的刺客理查·劳伦斯(Richard Lawrence),把枪几乎顶在安德鲁·杰克逊身上,开枪,臭弹!刺客立即换了第二把枪,开枪,臭弹!在美国独立战争之后,子弹臭弹率高达1/200(新式六管左轮手枪1830年就被塞缪尔·柯尔特"改进设计"出来了,1835年就正式销售了,虽然贵一点,但可靠性比"胡椒瓶老式左轮手枪"提高了不少,可以避免臭弹问题,刺杀林肯用的就是左轮。1835年左轮"仿制品"出现了,塞缪尔·柯尔特只好在1836年申请了专利,试图维持左轮枪的垄断生产地位),到了安德鲁·杰克逊时期,一些好枪的臭弹率不到1/1000。人们有理由相信,精心准备的两把枪,要杀死美国总统的刺客,买的是优质的枪弹,并进行过测试。两次连续臭弹的概率超过了"百万分之一",在统计学中属于**"不可能事件"**。

作用:人们相信安德鲁·杰克逊是反对银行家的英雄,也相信这个刺客来自"某个大银行家"。此时,安德鲁·杰克逊宣布他还清了美国的国债,这是狭义国债,在他之前美国所有的纸币都是债务货币,也就是说,这些债务经过几十年的"利滚利",即便用全美国所有的货币,也无法归还,这就是债务货币的喜剧特征——无法归还的债务,超过货币总量的债务,直至每秒钟利息都趋向无穷大的"债务"。

2. 神秘的大火

1835年12月16日,华尔街一场神秘的大火,烧毁了一切。这样规模的火灾,一定是"多点同时起火",因为没有找到起火点,华尔街被烧光了,纽约26家保险公司,一举被"摧毁"了23家。不过,仅1年后,500幢大厦,从破产的银行废墟上拔地而起,主人自然是"兼并战争"的胜利者。

[参考文献:(美)霍华德·M·瓦赫特尔著,李满,纪肖鹏等译.梦想大道·华

尔街拓荒百年.北京：中信出版社.2005）

作用：破产的银行家只有乞讨的权力，没有关心"货币事务"的心情。

3．美国政治中的分赃制度（Spoils system）的公开化、合法化、制度化

安德鲁·杰克逊对美国人民犯下了一个不可饶恕罪行——分赃制度。现在，美国媒体感觉这个说法不好听，就改成"回报制度"。简单而言，就是美国一个总统候选人，在美国"自由选举"中，得到利益集团的帮助和"赞助人"的资助，就可以公开的在当上总统后，按照出钱多少，支持力度大小，给予不同的官职，大家在"回收成本"。这个制度在安德鲁·杰克逊手中合法化、公开化、制度化，美国资产阶级建国理念从此消失，美国政客集团信誉扫地，唯华尔街捐助人马首是瞻，因为谁也没有"印票子的人"更能主导昂贵的选举秀，现在美国总统选举花费以 10 亿美元为单位。

作用："软化"了美国政客集团的能力，压制了中小银行家的不满。

4．"无债与巨债"

1835 年 1 月 8 日，安德鲁·杰克逊宣布美国没有国债了，还有了 0.35 亿美元的"国库盈余"（由"打理"国库的斯蒂芬·盖瑞德银行"统计"出来），这当然是胡扯。他用"州立银行发行的债务货币"（他抵押了国债）高达 0.68 亿美元，先后 60 多次"支付印第安人"的购地款，数量大约是 6 亿亩（40 万平方千米）土地。这些土地归了私人，美国人民凭空欠下了巨额国债，银行家出的是"州立银行券"，等于什么也没出，白得了巨额的债权。这笔钱，也没到印第安人手中！"卖地的印第安人"大多都死了，迁徙的途径史称"泪水之路"（Trail of Tears），好在安德鲁·杰克逊早年就有一个外号"印第安人杀手"，也就不怕印第安人的诅咒了。问题是：除了少数活下来的印第安人，那些死了的印第安人是不会拿钱、花钱的，那部分巨款哪里去了？

作用：安德鲁·杰克逊时期是美国债务急剧增加的历史时期，他把"债务货币制造的债务"和"美国国家公开发行的债务"做了一个历史性的分割。从此以后，美国出现了一个**狭义国债概念**，就是美国政府每年公布的国债数字；还有一个债务货币体制制造的**广义国债概念**，这个数字不许讨论、不许研究、不许统计，却由一个未经任何授权，包括国会立法、政府令的"联邦"武装金融机构"美国联邦国税局"，从 1913 年开始收取所谓的"美国国家个人所得税"（虽然对于美国司法体系来说，美国并不存在一

个"美国个人所得税",但"债权人"一直在收,至今有几万亿美元/年),根据美国里根政府时期的官方报告,全部"用于支付国债利息"(详见拙作《货币长城》有关内容)。这一历史性的"概念分割",仅次于"通货膨胀"与"价格上涨"的概念分割(因为这个不仅分割,还把通货膨胀解释为"国民生产总值的增长",即:虚拟增长,故更加神奇一些),这危害了美国国家统计的严肃性,损害了美国政府的信誉,让美国政府的债务、经济、货币、金融报表仅仅"着眼于技术的复杂和细节的准确",而从基础上,丧失了起码的准确性和可靠性。

二、不完善的控制与金融僭主体制的进化

(一)历史背景

美国的央行体制直到1913年美联储建立,才彻底让"国际债权人"广义拥有了美国的一切财富和所有权。早期也有央行,为什么世界金融战役史把1913年定为原始金融主义阶段的开始呢?原因主要是罗思柴尔德家族虽然控制了美国央行体制,但控制不稳定,货币发行权"不专有"(**虽然有立法**),对美国政客集团、新兴军事门阀集团、新兴资产阶级利益集团(包括农场主集团)、华尔街中小银行家集团、美国本土自然出现的"乡村银行集团"的控制没有完全建立起来,经常会"失序"——"按下葫芦,起来瓢",尤其对于罗思柴尔德家族的银行代理人的选择和模式选择,一直就没有解决好,这是一个以金融形式表现出来的,特殊的政治问题,实质是欧洲古代封建世袭王朝中世袭国王与直接管理庞大帝国的官僚集团之间的传统矛盾,唯"君臣一日百斗"可以形容。"人事和管理体制"问题是1913年才彻底解决,早期金融统治的不足,主要表现在货币发行权并没有完全控制在罗思柴尔德家族手中。

1. 美国银行案——马卡洛诉马里兰州案(1819)

这个案件一直被虚伪地解释为美国法治社会的典范,是美国宪法和联邦的胜利,肮脏、龌龊和违法到了令人不敢相信的地步,它是美国法治和联邦权威屈服于华尔街的一个历史性标志。罗思柴尔德家族从1816年开始在全美国发行"金本位第二合众国银行券",美国民众也许不懂,但美国中上层,谁不知道这是用虚拟数字抢劫实体资产?换句话说"这个办法真好,我们干吗自己不抢,让你抢?"所以,美国各州批准的州银行、乡村银行

和未经批准的个人，都开始发行"金本位货币"，而且各州普遍对"第二合众国银行券"收印花税（注意：后来美国央行为了打击各州的货币，也宣布对各州货币征收10%的税收，但也说明这是一种"无奈的软限制"，明确立法垄断没人听——都是私人捞钱，凭什么就你捞？说话不硬气！）罗思柴尔德家族能干吗？

马里兰州巴尔的摩地区的第二合众国分行的詹姆斯·马卡洛（James McCulloch），"自作主张"（这在严格的银行体系内，无法实现）没有贴印花税，就把纸币交给银行负责人流通出去了。马里兰州法院判决詹姆斯·马卡洛有罪，罚款100美元，目的则是要禁止不缴税的"罗氏货币"流通。詹姆斯·马卡洛在"强大的支持下"到美国联邦高等法院告马里兰州，1819年2月22日～1819年3月6日，美国大法官马歇尔宣布马里兰州，提出"像所有的人都必须承认的那样，我们也承认政府的权力是有限的，而且这种限制是不能逾越的。但是我们认为，对宪法的正确解释必定允许联邦的立法机构有权自由决定执行宪法授权所需采用的手段，以便使该机构得以按照最有利于人民的方式履行其既定的崇高职责。如果目的是合法的，如果它又是在宪法所规定的范围内，那么，一切手段只要是适当的，只要是明显适合于这一目的，只要从未被禁止过，并且是与宪法的文字和精神相一致，就都是合乎宪法的。"——货币之争，扯到了宪法，用联邦与宪法压马里兰州，原因就在于"美国第二合众国银行"是否违反美国宪法，上述判词华丽专业，却完全站不住脚。

（1）美国宪法规定，代表美国人民的美国国会拥有货币发行权，罗思柴尔德家族控股的华尔街皮包金融公司能够等同于美国国会吗？

（2）美国最高管理者是美国总统和国会还是美国央行背后的"国际债权人"集团呢？一句话：是央行在管理美国，还是美国总统在管理美国？这不是一个简单的"本位主义"或"山头主义"的问题，是一场殊死的较量，是统一还是分裂，是美国人民的国天下还是金融僭主的家天下，是民主法治还是银行家世袭独裁的问题，是"谁指挥谁"的原则问题。

（3）美国国会发行货币，不需要任何抵押，因为是美国人民授予的权力，是美国实体经济的表现，是美国人民授予美国政府的职权，也是一种责任和义务。委托罗思柴尔德家族控股的美国第二合众国银行发行，每年"仅"6美分利息，**仅仅1美元**抵押国债，所滚动形成的"本息"总和，总有一天将超过全球一年国民生产总值，荒谬吗？不，这就是美国人民和

世界人民所经历和面对的残酷现实，这就是央行体制和债务货币体制的小秘密。涉及本案则是——央行体制对美国人民"有利"而"合乎宪法"吗？

残酷的"尾声"。州银行的司法代理人、马里兰州检察长、1787 年制宪会议与会人卢瑟·马丁（Luther Martin），案后"突发中风"，然后破产，最后要饭，1826 年暴毙。央行的司法代理人、著名律师、原联邦总检察长威廉·平克尼（William Pinkney），1822 年暴毙。事实上，此案仅仅是美国早期围绕货币发行权的斗争之一，直到 1913 年，美国货币一直没有统一，"南北战争"用暴力解决了"99%"。

2. 诺顿货币体系

这是一个诡异复杂的历史事件，在诙谐过程中，掩盖着一系列复杂的金融战阴谋和残酷较量，是美国金融战役史上的一个案例，内容还是货币发行权，或骗、或抢、或压，都围绕这个问题进行。

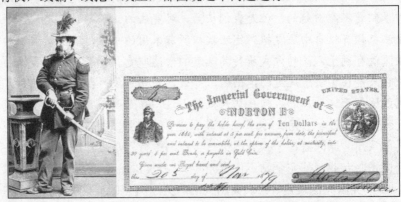

图片说明：美国犹太银行家、投机商、诺顿货币骗局的代理人约书亚·亚伯拉罕·诺顿（Joshua Abraham Norton，1819.2.14～1880.1.8）。左边是自封并被旧金山地区一度认可的"美利坚合众国皇帝及墨西哥摄政王"诺顿（在任 1859.9.17～1880.1.8），右边是他发行的诺顿美元，有 0.5～10 美元不同面值，尤其在南北战争期间，是旧金山地区除金银外，唯一被接受和流通的纸币和本票，绝非后来所说的玩笑。

诺顿被当时和后世的一些历史学家看成"一个投资失败而受刺激的善良投机商人，一个疯子"。果真如此吗？他的父亲是英国移民到南非地区的犹太富商约翰·诺顿，母亲萨拉·诺丹是犹太富商亚伯拉罕·诺丹和犹太金融投机商本杰明·诺丹的外甥女。1858 年诺顿在旧金山囤积大米和粮食等军需物资牟取暴利失败破产。1859 年 9 月 17 日（"南北战争" 1861 年 4 月 12 日爆发），在旧金山各大报纸上刊登文章宣布（请注意，有几个人有能力这样做？）自封"美利坚合众国皇帝"。

1869年8月12日，他宣布废除美国民主共和党；10月12日号召美国军队"武力解散"美国政府和美国国会；1860年1月号召美国军队"武装废除"国会议员（号召军事政变，逮捕美国国会议员），"鉴于，华盛顿市有一群人自称国会议员，这违反了10月12日发表宣布国会被废除的皇家法令；鉴于，朕有必要严密地遵照帝国的旨令；现在，朕命令和指示军队的最高司令官，陆军少将史考特（云瑟·史考特），收到朕的旨令后，立刻以适当的力量清洗国会大厅。"他还下令组建"国际联盟"，后来罗思柴尔德家族通过银行代理人摩根财团和现代共济会建立了这个组织和世界第一央行·国际清算银行（这不是一个普通的组织，是一个由摩根财团控股的罗思柴尔德家族的私产，通过每年多次的秘密央行行长会议，影响世界各国政府的货币金融事务，是央行的央行），美国总统、美国政府一直拒绝加入。英国维多利亚女王（请参看"英国卷"）与诺顿有多封密信，这说明他的背景极为复杂，引起了某些银行家的"不满"。1880年1月8日，他在演讲途中，被警察发现昏倒，送医院途中死亡。

有人说：诺顿是疯子，那么接受诺顿美元纸币和本票的旧金山市民、工商业、银行，也是疯子吗？这些纸币和本票既然被旧金山接受，就说明纸币和本票有广泛的流通性和接受度，没有注册的"诺顿银行"的后台老板是美国金融战役史上的一个谜。

诡异的尾声：诺顿被美国秘密会道门"混沌教派"（Discordianism）称作圣人，创始人是格雷格·希尔（Greg Hill，1941.5.21～2000.7.20）在1958年创立。有传言说这个组织和美国总统理查德·尼克松（1913～1994）、美国作家、未来学家蒂莫西·莱瑞（Timothy Leary，1920～1996）、美国作家、未来学家罗伯特·威尔逊（Robert Anton Wilson，1932～2007）有某种关联。近代所谓的未来学，尤其是美国的未来学科，都是秘密宗教，不是科学研究，且背景极为复杂，这是很多人不了解的——"美国未来教派"打着未来学的旗号，宣扬世界必将"归于混沌、混乱和毁灭"，是黑暗与灭亡的力量在主导着世界。所以，美国未来学教派、华尔街、中情局通过会议人为制造了一个金融战思潮"华盛顿共识"。这个"混沌教派"，或称"美国未来学教派"的资金来源，可以从罗伯特·威尔逊1990年的一个演讲"神在金字塔中（The I in the Triangle）"［参考文献：（美）罗伯特·威尔逊.神在金字塔中：http://www.greylodge.org/gpc/?p=693］看出端倪："格雷格·希尔（未来学教派创始人）那时是美国最大的计算机设备公司的首脑，这家公司由美国最大的银行拥有。"（美国冷战时期确实有一家军方超级巨型机公司"格雷公司"，主要为美国军方、中情局、华尔街提供巨型机服务，语言用 ADA，不用后来的 C 语言，但不知道是不是指这家公司。华尔街最大的银行，即便不算纽约美联储，也无外乎摩根、高盛、洛克菲勒拥有的华尔街银行，比如花旗银行等，都是美联储的世袭股东）

图片说明：美国未来学家罗伯特·威尔逊（1932～2007，图左），他的作品封面"那眼在金字塔中 [卡洛斯·维克多（Carlos Victor）绘，参考文献：（美）罗伯特·威尔逊著.那眼在金字塔中.美国：戴尔出版公司.1975]。""美国混沌教派"，或称"美国未来学教派"很可能是一个共济会、光照会的下属组织。

3. 苟延残喘的美国第二合众国银行

图片说明：这是美国第三央行·美国第二合众国银行在 1836 年失去"特许证"后，在 1840 年 12 月 15 日开出的 1000 美元本票，这实际上就是一种货币。这是美国当时货币发行混乱状态的真实写照，也说明了"特许证"的意义很大，但没有做到垄断。

第一合众国银行由苏格兰银行家集团主导，但也让罗思柴尔德家族分了一杯羹，也让罗氏成了世袭股东；第二合众国银行是罗氏主导，因为已经初步完成了对英格兰银行的主导，也有大量的苏格兰银行股东，不过罗氏是大股东罢了。罗思柴尔德家族金蝉脱壳，剩下行长尼古拉斯·比德尔苦苦支撑，但苦于没有业务，又习惯于印钞票的买卖，只好趁着华尔街中小银行家都还熟悉并信任的时候，滥发美元本票（不是印货币，等于在开出"空头支票"，但用货币的形式），狠狠地"杀熟"，诈骗了一笔后，1841年宣布破产倒闭，把账全部"合法地"赖掉了。

（二）金融热战的序曲——三大金融危机：1825、1835、1857

1. "金融危机（1825）"

1836 年以后，跨大西洋甚至全世界能够和罗思柴尔德家族相抗衡的金融集团，只有大半被控制的英格兰银行背后的"国际债权人"集团。此时不论对英格兰银行来说，还是对美国政府来说，最大的债权人就是罗思柴尔德家族，但苏格兰银行家集团在英美欧都经营了几百个年头了，尤其在大英帝国内部（此处包括英国东印度公司管理的英国世界范围的殖民地版图）盘根错节、姻亲交错，且家底雄厚，不是单纯用债权能一下子就压服的（实际上这个"工作"，今天都没有彻底完成，但也接近"尾声"了）。罗氏首要的任务是要继续打击英格兰银行，目的在于使之无法复苏，以便快速实现主导美国为目的的金融热战——"美国南北内战"。

1825 年，苏格兰银行家集团中的一个重要人物，英国伦敦城前市长、银行家约翰·佩林（JohnPerring）被人秘密收买了。然后，他就给伦敦各界，包括苏格兰银行家的"老朋友们"介绍了一个人物——"中美洲波亚斯王国的国王格雷戈尔"。此人真名叫做格雷戈尔·麦格雷戈（Gregor MacGregor，1786~1845），也是苏格兰人，不过早年因无法进入上层，跑到海外几年，然后改头换面，回到祖国，招摇撞骗，阅历丰富。他搞了很多金融骗局：

（1）贩卖虚构的中美洲波亚斯王国的土地，大约 2 克黄金能买 6 亩地。

（2）贩卖投资债券，前景"美妙"，又有银行家的信誉担保，人们趋之若鹜。

（3）贩卖特种无期股息国债，"既可靠，又吃利息"。仅投资债券一项当年（1825）就卖了 80 万英镑，整体规模有多大，很难说，规模大到把英格兰银行都拉了进去，由此可见一斑。

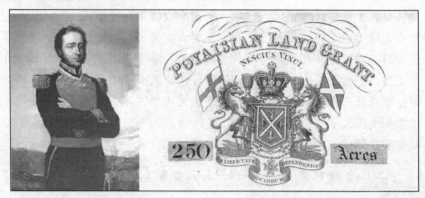

图片说明："中美洲波亚斯王国"的国王，苏格兰金融诈骗犯格雷戈尔•麦格雷戈（Gregor MacGregor，1786～1845）；250英亩，1500亩，约1平方千米的"中美洲波亚斯（Poyais）王国"的土地权证，大约卖62.5英镑，约折合450～500克黄金。

　　这事件使英格兰银行的股东们吃了一个特别大的"哑巴亏"，他们不敢承认自己"损失惨重"（因为那样会导致英镑本票失去接受度，英格兰银行就倒闭了）。但是，他们和整个英国都受到了沉重的打击，规模之大，史无前例，直接引发了跨大西洋的"金融危机"，却无案可查、无人负责。简而言之，格雷戈尔•麦格雷戈引发了"金融危机（1825）"，几进英法监狱，却又都在几天后，"奇迹般地"被释放！他一直在包括英国的整个欧洲贩卖这个虚构的"中美洲波亚斯王国"的各种"有价证券和权证"，直到他1845年去世。

　　这场金融战役的主战场在英国，直接导致6家伦敦金融城的老牌银行倒闭，60余家英国银行倒闭，就在英格兰银行即将宣布倒闭的前夕，罗思柴尔德家族拥有的法兰西银行送来了一笔天文数字的"数字金币流动性援助"，使之免于关门。但是，罗氏用数字换取了他们对苏格兰银行家集团的金币债权，并且从此彻底主导了英格兰银行，直到今天（但犹太银行家集团与苏格兰银行家集团的凤怨，也同样根深蒂固，与他们之间的"结盟"一样"历史悠久"）。这以后，北美大陆、大西洋两岸乃至全世界，再也没有能够和罗思柴尔德家族相抗衡的金融势力了，这让他们可以安下心来，发动目的在于彻底主导美国金融货币体制的金融战役。

　　2."金融危机（1837）"——银行兼并战争打响了！
　　英国财政大臣（实际上是商业财政大臣兼铸币局局长）托马斯•格雷

欣（Thomas Gresham ，生卒 1519～1579）有一个观点，背后人总结为"格雷欣法则（劣币驱逐良币）"，这是针对金属币时代的说法，但是银行家故意在法币时代提出，用来迷惑和欺骗美国人民（举例：旧社会的"金圆券"是"劣币"，被"大洋"、"金条"、"大米"等"良币"驱逐了，正好相反，这不是"格雷欣法则"错了，是一个蓄意制造的时代错位、目标错位，是华尔街制造的一个金融战骗局，详见拙作《货币长城》）。

《货币长城》出版后，笔者发现一些文章，甚至书籍在托马斯·格雷欣的生卒上，用的都是"1533～1603"，实际上此人生卒年是"1519～1579"。笔者很高兴读者赏用，但一定要注意：笔者没有在《货币长城》中标注格雷欣的生卒年（因为这不重要），而是在强调他所在的时代背景（重点在于那是"金币时代"，不是"法币时代"），因此标注的是他所服务的伊丽莎白一世王朝起止——"1533～1603"。这种历史年代标注方法使用很少，笔者也不再使用，请读者注意这一点。

罗思柴尔德家族的政治盟友安德鲁·杰克逊在 19 世纪的美元法币时代，突然提出要遵循16世纪英国金币时代的"格雷欣法则"，华尔街媒体也跟着炒作，也不知谁是始作俑者，都算在格雷欣爵士的头上。杰克逊总统就搞了一个《金属币法案》（史称"Specie Circular"或"Coinage Act"），强行要求美国土地买卖（就是全部货币流通，这是个策略）立刻开始使用金银币结算（美国本土居民可以延期到1836年年底）。杰克逊的任期到1837年 3 月 4 日结束，这个"美国政府令"，到继任美国总统马丁·范布伦（生卒 1782～1862，任期 1837～1841）时期才形成法案，这"有点不规范"（因为这个问题太大，不立法仅用"政府令"并不太合适），且后果极为严重，引发了世界"金融危机"，史称**美国金融危机 1837**。

（1）1836 年 7 月 11 日，杰克逊让财政部长利瓦伊·伍德巴瑞（Levi Woodbury）发布"金银交易强制令"，8 月 15 之后，美国政府就不接受除金银外的纸币了！美国的经济规模已经很大了，金银根本无法满足需求，立刻爆发了金币流动性短缺型金融危机，人们立刻开始抛出纸币，储备金银币，这就造成了排山倒海一样的恶性通货膨胀和金币流动性枯竭（**金银币太少，人们全力储备不敢花，反而让社会流通的金银币比平时减少了许多，如果"没有"银行家收紧金银币银根的现象发生，也足以爆发危机了**），美国社会立刻陷入了"没有货币"，实体经济停止运行的、金币枯竭型"经济危机"。

开国的苦斗——美国金融战役史

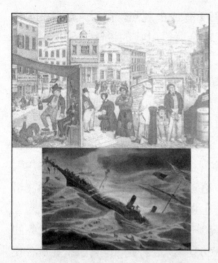

图片说明：（左上）这是 1837 年金融危机中，失业者酗酒、抱着孩子的母亲向银行家乞讨、背景中是人山人海的银行挤兑，原图主要在于展示背景人群冲击银行挤兑，这张图比较小，可能感觉不到那种冲击力；（左下）这是直接引爆 1857 年金融危机的"运金船沉没事件"；（右）这是 1837 年金融危机，在 1857 年突然达到高潮时，美国出现了空前的银行破产浪潮时，愤怒的人们冲击破产的西曼储备银行（Seamen's Savings' Bank，1857.10.31）现场。不了解这些历史事实，就不知道金本位骗局的可怕和杰克逊金币法案的"奥妙"，也就不理解金融僭主体制的危害和对美国经济和社会的"规律性"摧残与破坏，这绝非"市场规律"，而是银行家集团人为破坏市场规则，制造的"圈养——屠宰"体制的"收获规律"。

（2）这场人为制造的"金融危机"，狭义上持续了 5 年之久，广义上一直持续到南北战争结束，美国经济遭受了重创。罗思柴尔德家族以其控股的欧洲几大央行的"金本位本票"为担保，发行金本位账面金币，大肆兼并美国银行和实体经济，让金融僭主皇族体制，逐渐具备了颠覆金融僭主集团统治的能力和资本积累度。

（3）美国社会对金银的畸形渴望，导致了美墨战争（1846～1848），催生了荒谬的"天赋命运论"，公开宣扬夺取墨西哥的金银矿。表面上美国夺到了 230 万平方千米的土地，实际上美国负债累累，依靠向"有金币本票"的"国际债权人集团"借贷，勉强维持财政，从此美国政府一直破产运行，直到今天。美国财政、货币权力进一步被"国际债权人集团"主导。

（4）这场精彩的以金本位骗局为核心的金融战役，直接导致了美欧，尤其是美英贸易的急剧下滑，打击了全球贸易和英国的税收。美国南方向欧洲出口的棉花，因为要求支付金币不得，而从 0.3527 美元/公斤，下降到 0.1102 美元/公斤，还是无人问津（很便宜，很想买，但这世界上就没有那么多金币）。贸易量的下跌，逐渐让远在大西洋对岸的英国政府最重要的贸易税收出现大幅下降，从 1836 年的 0.23 亿美元，骤跌到 1837 年的 0.11 亿美元。英国政府开始向英格兰银行发行国债度日，英格兰银行也被罗思柴尔德家族的金本位骗局压得没有了回旋余地，这又间接加深了以罗氏为首的"国际债权人集团"对英国政府的"债务控制"，罗氏仅仅在法兰西银行的"账面金币本票"上写了几个数字，就拓展了"法郎的国际空间"，并取得了天文数字的金币债权。这从长远看，加深了全球金币和银币向罗氏银行的异常凝结（可参看"英国卷"鸦片战争的有关内容）。

（5）美国各种发行银行券的私有银行纷纷倒闭破产，美国各州政府纷纷向美国财政部借贷金币账面数字，这些不过是杰克逊总统和继承者从罗氏手中借得的"金本位数字"，并代表美国人民签署下了这些奇妙的"借数字、还金币"的"国债协议"——他们真的不懂而被欺骗了吗？

3."金融危机（1857）"——卑鄙是卑鄙者的通行证，邪恶是邪恶者的墓志铭

美国的"金融危机（1837）"一直存在，在 1857 年突然又达到了一个新的高潮——史称"金融危机（1857）"。从整体来看，这依然是金本位骗局的延续，目的在于消灭华尔街的中小银行和美国的"州立银行"、"乡村银行"和各种私人货币发行商（比如：当时北美一些商店也发行货币，流动性还挺好，这就是为什么不能授予商店发行"代金券"权力的历史原因——这是货币发行权的一个变种）。由于受到杰克逊"金币条例（1836）"的束缚，美国各界必须不计代价地取得金币和银币，但实际上又"只能"捏着鼻子接受和使用"金本位银行券和本票"，自欺欺人地把整个社会经济信用建立在"银行家的信用和许诺"之上，这无疑是一个海市蜃楼。华尔街银行家拥有的海军退役运输船"中美洲号"（SS Central America，排水量 2140 吨、长 85 米、宽 12 米），1857 年 9 月 3 日，从巴拿马开出，船上有 477 名乘客、101 名水手，主要装了约 14 吨黄金，目标纽约港（华尔街在纽约）；9 月 9 日在美国卡罗莱纳州外海遭遇了"据说"时速 165 千米的飓风，但这艘船很大，没有沉没！9 月 11 日风更大，锅炉和密封舱出了问题，最后船沉没了，大约死亡 425 人（有 500 人以上的说法，因为当时乘客统计比较

难,有上船后才买下等舱票的乘客)!然后,纽约华尔街就开始"一片悲观",美国人民就开始恐慌,抛售银行券和本票,兑换黄金和白银,一下子"账面金币"和"金币"的区别,就显现出来了:

(1)华尔街股市应声下跌了 66%,全面崩盘。

(2)引发了从美国华尔街开始的遍及欧洲、亚洲的世界"金融危机"。

(3)美国社会各界抢购金银,抛出纸币,储备金银,导致美国社会陷入金银短缺,抢购金银的恶性循环,罗思柴尔德家族拥有的金银和金银矿价值暴涨,美国社会破产遍地,当年倒闭的贸易行就有 5000 家以上。

(4)华尔街借机抛出了"美国关税法案(1857)",在贸易商手里有货卖不出去而陷入泥潭的情况下,荒谬地把关税普遍降低 20%,不仅制造了美国政府对国债的刚性依赖,而且一度摧毁了大多数有囤积货物的中小贸易商,从此美国大商行都是华尔街大银行家族的控股资产。

(5)1837 年,杰克逊"硬币法令"导致的"金融危机",让美国当时 850 家银行,倒闭和被兼并共计 343 家,1857 年华尔街几乎家家银行都"关门盘点",因为谁也没有那么多黄金和金币来兑换自己发出的银行券与本票,这几乎是公开赖账,是华尔街"信誉"的一次集中体现,它是银行家的喜剧,美国人民的悲剧。

3. "南北战争"的金融实质

一连几十年,由控制着美国财政、货币、金融、情报、选举的华尔街"国际债权人"集团直接发动针对美国的金融战役,让美国经济、金融、贸易秩序,陷入了一片混乱。罗思柴尔德家族故意分别给美国南北地区进行有针对性的"贷款援助",人为制造了两个对立的(本来是互补的)地区,让美国在 1861 年 4 月 12 日至 1865 年 4 月 9 日之间,爆发了"美国南北战争",最后以北方"美利坚合众国(联邦一方)"的胜利和南方"美利坚联盟国(邦联一方)"的失败告终。

(1)这绝不是一场一定要发生的内战。

(2)这绝不是一场"废奴战争",林肯就是奴隶主,是一个坚定维护奴隶制的政治人物,也是华尔街的代理人。

(3)这场金融热战"好的"的一面是消灭了大多数银行,让美国陷入了无边的国债海洋中,无力自拔,奠定了罗思柴尔德家族的金融僭主地位,"坏的"一面是受打压的银行家联手林肯发行美国林肯绿币,部分摆脱了"信用货币理论"的金融战骗局,留下了一个不大不小的麻烦,这是 1873

年美国金融战役的直接导火索，史称"美国金融危机（1873）"——然后就发生了导致美联储建立的一系列历史事件。

图片说明：（1）（右上）这是华尔街的运金船"中美洲号"；（2）（下中）银行家雇用的"中美洲号"船长威廉·霍顿（William Lewis Herndon，1813.10.25～1857.9.12），据船员说他"忠于职守，随船自沉"，他在知道航道上有台风的情况下，故意把船开入暴风中心的"失误责任"，也就无人追究了，他是否死了无人看见，无法证实，那时不像今天，殖民地居民管理比较混乱；（3）这位船长被说成是一个无名小卒，可"英勇殉职"后，他的女儿（Ellen Arthur）是德国犹太银行家罗思柴尔德家族资助的德国共济会会员，犹太音乐家菲力尔斯·门德尔松（1809.2.3～1847.11.4）命名的表演团队的歌手（不是德国共济会成员，犹太哲学家摩西·门德尔松（1729～1786），这是菲力尔斯的祖父），嫁给了美国第二十一任、第二十四届总统切斯特·阿瑟（右下，Chester A. Arthur，生卒 1829～1886，任期 1881.9.19～1885.3.4）。切斯特·阿瑟权力极大，没有任命副总统，他是华尔街忠实的代理人。他在总统詹姆斯·加菲尔（1831.11.19～1881.9.19）当选后一百多天神秘遇刺身亡（1881.7.2 遇刺，9.19 死亡）后，荣登总统宝座，并推行了美国历史上唯一一个针对一个民族和有色人种的排斥法案《排华法案（1882.5.6）》（美国虽然有白人、黑人、黄种人各种奴隶，但公开立法驱逐一个民族和有色人种，仅此一案，直接导致了排华浪潮和"天使岛事件"集体无故关押华人达 10 万人以上的恶劣事件的出现），并成为所谓"美国法典"的基石，在人类文明的发展史上，留下了肮脏的一笔，是美国种族歧视的代表人物。

（4）南北战争的内容在拙作《货币长城》中有过比较细致的描述，

开国的苦斗——美国金融战役史

1913 年美联储建立之前的美国金融战役史，到此就告一段落——1913 年以后，美国进入原始金融主义阶段，金融战役的目的、条件、发生和手段都发生了很大的变化，一个崭新的历史篇章被揭开了⋯⋯

第九章

黑白颠倒的时刻、金融战役的代价

一、银行家无法控制的"金融危机"——虚拟经济

（一）7位"暴毙"的总统

图片说明：图为从美国第三央行·美国第二合众国银行破产到以美联储世袭股东拥有的"国际货币基金组织"为代表的布雷顿森林体系建立前后，美国7位"暴毙"的总统，**还不包括副总统、国务卿、财政部长和"之前"、"之后"的事件……**

　　1.上左起第一位，是美国第十二任、第十六届总统扎卡里·泰勒（Zachary Taylor，生卒 1784.11.24～1850.7.9，任期 1849.3.4～1850.7.9），罗思柴尔德家族导演的"抢金矿战争"——美墨战争中的民族英雄。虽然此后很长时间，德克萨斯州州长的宝座一直是罗思柴尔德家族银行代理人、共济会

会员、光照会成员、外交协会和"国际联盟"的缔造者、犹太银行家爱德华·豪斯上校（Colonel Edward Mandell House，1858～1938）把持，连任5届州长[（美）尤斯塔斯·莫林等著.美联储的秘密（187页）.（法）尼斯：john mclaughlin 出版公司.1993]，但他是典型的美国新军事门阀集团的代表人物，桀骜不驯，不听华尔街"调遣"，突然暴毙，150年后检验头发发现砒霜。

2.上左起第二位，是美国第九任、第十四届总统威廉·亨利·哈里森（William Henry Harrison，生卒 1773.2.9～1841.4.4，任期 1841.3.4～1841.4.4)，也是美国新军事门阀集团的代表人物，"不听招呼"，据说"演讲时没穿外套，感冒暴毙"，但也有传言说"死于砒霜"。不论如何，他身体久经锻炼，就是感冒了，总统也有医生，不会突然暴毙。

3．上左起第三位，是美国第十六任、第十九届、第二十届总统亚伯拉罕·林肯（Abraham Lincoln，生卒 1809.2.12～1865.4.15，任期 1861.3.4～1865.4.15），他的死因很简单——履行美国人民赋予的发行货币的国家义务，不以国债和黄金抵押，摆脱了银行家精心设计的**货币本位骗局**，1865年4月14日遇刺。

4．下左起第一位，是美国第二十任、第二十四届总统詹姆斯·加菲尔德（James Garfield，生卒 1831.11.19～1881.9.19，任期 1881.3.15～1881.9.19），他是美国早期本土基督教势力的代表人物，是一个"基督会长老"（里根总统也是基督会成员），是一个正式的"神父"。他对于信仰"路西法"的共济会和光照会很厌恶，有意无意地就站在了华尔街共济会势力的对立面，直接导致了"换马"，然后就换上了罗思柴尔德家族"运金船船长"女儿的那个"夫君"总统切斯特·阿瑟（原来是副总统）。

5．下左起第二位，是美国第二十五任、第二十八届总统威廉·麦金莱（William McKinley，生卒 1843.1.29～1901.9.14，任期 1897.3.4～1901.9.14），前面说过，他的"问题"不在于他与华尔街关系"不融洽"，而是华尔街的资本力量和政治意愿已经膨胀到需要由华尔街银行家直接当美国总统的历史阶段了，他就成了美国政客集团利益的代表，也就成了"绊脚石"。他派军队加入八国联军侵略中国，残酷镇压伟大的义和团运动，侵略者所过之处，奸淫烧杀无恶不作，在京津地区制造了很多无人区；他还积极配合华尔街实施金本位骗局，巩固了罗思柴尔德家族的金融统治，但最终被刺客里昂·柯佐罗滋开枪射杀，然后由华尔街银行家西奥多·罗斯福出任了美国总统，开辟了一个新时代。可以说，他是美国"历史进程"的牺牲品，是一个"偶然的必然"。

6. 下左起第三位，是美国第二十九任、第三十四届总统沃伦·盖玛利尔·哈丁（Warren Gamaliel Harding，生卒 1865.11.2～1923.8.2，任期 1921.3.4～1923.8.2），他的死因，是一段诡异历史的真实反映。这里简单说一下：哈丁对德国一直"很有感情"，他同时和好几个女人有关系［比如当时才十几岁的，他的好朋友的小女儿南希（Nanny Britton，1896～1991）］，包括一个叫菲利帕斯（Phillips）的女子。菲利帕斯与他有 15 年的"友谊"，比他小 8 岁，菲利帕斯的丈夫，也就是他的朋友詹姆士·菲利普［James Phillips，他开了一家商行"飞利浦商行"（the Uhler Phillips Company），批发零售，关键在于他"丝毫不在意妻子红杏出墙"，反而是哈丁最要好的"密友"］。菲利帕斯在 1915 年第一次世界大战爆发后，"逼婚"哈丁参议员（当时），然后突然跑到柏林，又突然回来。一般都说"此女逼迫哈丁反对对德开战，哈丁拒绝"，但**实际上可能恰恰相反**，是她"迫使他同意投票对德宣战"，这个神秘女子后来跑到日本去了，据说还拿了"某些人给的"许多钱。当时，据说有一批神秘的信件，足以要挟哈丁总统，甚至导致哈丁总统暴毙？这些信件不是情书，而是文件，被美国政府以绝密形式封存，按照规定 2023 年可以解密。但估计那时人们什么也看不到了，哈丁总统到底是如何死的？他和这对很有可能是"德国秘密情报人员"的夫妇到底是什么关系？那时德国的秘密情报首脑是"马克斯·沃伯格"，也就是美联储主席"保罗·沃伯格"的亲大哥（请参看"德国卷"）。沃伯格家族不仅是美联储的世袭股东，还是罗思柴尔德家族最亲信的德国法兰克福时代就培养起来的银行代理人家族。

7. 下坐起第四位，是美国第三十二任、第三十七至四十届总统富兰克林·德拉诺·罗斯福（Franklin Delano Roosevelt，生卒 1882.1.30～1945.4.12，任期 1933.3.4～1945.4.12）。他是华尔街银行家西奥多·罗斯福总统的本家堂弟，是华尔街银行家圈子中的老手和金融世家。他的家族和罗思柴尔德家族有着很深的渊源，不仅在"大萧条（1929）"时打击了华尔街的中小银行家，树立了美联储世袭股东集团的绝对主导地位，还在 1944 年 7 月组织了美国新罕布什尔州的布雷顿森林的那个 44 国高官秘密的协商会议，与会国代表达成的著名的"布雷顿森林体系"（详见拙作《货币长城》），他也是突然暴毙，这个死很可疑，有点"过河拆桥，大局已定，避免代理人尾大不掉的意思"［参考文献：E.M.Josephson 著.The Strange Death of Franklin D. Roosevel（富兰克林·罗斯福的神秘死亡）.美国纽约：Chedney 出版公司.1948］。

（二）为什么要介绍这几个"阵亡的总统"？

世界金融战役史，不是猎奇故事，是真实的历史记录——人们对这些影响了我们生活和世界的金融战役至今一无所知，这本身已经够"奇妙"了！美元、欧元、澳大利亚元、英镑、日元、国际贵金属交易都控制在罗思柴尔德家族绝对主导的"国际债权人集团"手中；国际清算银行、美联储、欧洲中央银行、国际货币基金组织、世界银行是罗思柴尔德家族的世袭私产，这个华尔街银行家建立了美国联邦国税局、美国中央情报局、美国财政部、美国最早的保险体系和法律体系，甚至建立了美国。

但这一切，绝非一日之功，有一个漫长的演变和斗争过程，虽然今天罗思柴尔德家族是资本兼并的"胜利者"，但私有制孕育的资本怪物，必然会挑选一个代理人，用来主导和摧毁人类的文明以及私有制本身，这种"精心苦斗的胜利"是"一系列偶然形成的历史必然"，没有罗氏，也会有张三氏、李四氏，并没有任何的不同。

纽约美联储世袭股东为代表的华尔街金融僭主集团，通过"抵押货币理论"、依托强大金融实力，逐渐把美国变成了一个私人家族拥有的公司国家，这种模式超过了普通金融国家的概念，是由一个金融僭主皇族来拥有整个国家和所有人财富的超级资本凝结模式。有关华尔街如何挑起第一次世界大战、如何挑起第二次世界大战、为什么要制造"1929 年大萧条"，这些请参看《货币长城》和《金融刺客——金融战役史系列丛书》"英国卷"、"德国卷"、"世界卷"等有关内容。

二、美国金融战役史的点滴往事

（一）失控的"金融危机"

美国金融战役史到此告一段落，这里还要逐点观察、回顾一下第五金融国家·美国的方方面面，客观、严肃、科学地回顾美国金融战役的一些历史点滴，这是金融战役学中的一些战役节点，意义重大。

1913 年以后，美国建立了一个以纽约美联储为首的央行体制，打着国家储备的名义，实际上却是一个罗思柴尔德家族银行代理人摩根财团绝对主导下的债务货币发行体制，这是一个广义财富转移机制，也是一个现代虚拟经济的经典范例，开启了一个新的时代——原始金融主义。

1．从此美国各阶层丧失了财富相对增长，仅具有绝对增长的可能性，这就是金融战役学中的"比例控制策略"——僭主操纵货币规模，逐渐增大自己在货币规模中的比例，直至无穷大，而美国各阶层则趋于无限小，但绝对货币收入，则逐年"增加"，实际收入趋于减少。

2009 年，全美国绝大多数人进入了"零储蓄、债务消费"为特征的赤贫债务奴隶阶段，人均收入比 1913 高了几十倍，人们在满意中逐渐贫困化、债务化、赤贫化、奴隶化，这种状态又趋于世袭化，由于是制度性压迫，个体改变的自由度趋于零，且受到精心控制，属于"手铐和手腕之间的自由"。

2．市场经济的三大基石——所有权、公平交易、私有制，被逐渐摧毁，以金融劫掠为内容的广义财富转移机制趋于"合法化"。例如：

（1）摩根财团 1913 年用 4.5 美元购买 6 亩土地，农民很高兴地交出了土地，因为这是当时市价的 300%，4.5 美元现在买一张电影票都不够。

（2）美国中情局和华尔街联手制造的金融战骗局"自由主义经济学"，也称"华盛顿共识"、"主流经济学"等，在前苏联推行"国有企业债券化"，然后用少量的美元和汇率魔术，就拿走了全苏联人民建设了几十年的实体经济所有权。

（3）在美元体制内，没有任何人可以拒绝交出自己的一切财富所有权，虽然人们明知道这些美元数字、欧元数字、英镑数字、日元数字、澳元数字都是"国际债权人"家族写下的数字，从几十年的历史跨度上看，购买力会急剧贬值，但却无力拒绝这种"抢劫"，这个体制就是广义财富转移体制，私有制的基石瓦解了，这是 1913 年以后，华尔街财团迅速控制了欧美乃至世界一切没有"政治屏障"的"可以用美元衡量的实体经济所有权和虚拟经济主导权"的肮脏秘密。

3．美国国家在 1913 年以后的私有化，让美国丧失了资本主义国家的一切内容，逐渐倒退回了封建社会，在高科技的点缀下，在"自由选举"的喧嚣声中，罗思柴尔德家族为首的金融皇族体制出现了。有趣的是，随着金融僭主的日趋强大，金融僭主体制却逐渐走到了私有制和它自己的反面，逐渐出现了一种"强大等于衰落"、"增长等于危机"、"通胀等于繁荣"

的畸形现象，金融寡头的广义美元回流机制逐渐崩溃和瓦解，这种危机是广义金融战役——虚拟经济的完美诠释和"褒奖"，因为这是金融主义对实体经济扭曲的结果，其反弹力度与扭曲程度成正比，这也是金融僭主体制财富的源泉。所以，这就导致了一个无法消除，不是银行家集团制造的金融危机的出现——"虚拟增长"：没有它，美国社会立刻出现问题，有了它，美国社会虚拟经济和实体经济的背离和扭曲则日趋严重，出现不可逆的刚性反弹的日子则越来越近。

所以，1913 年以后美国出现的大繁荣，是一种沉重、持续，不断加重的金融、经济、政治、社会的全面危机。一个表面人均 3 万～4 万美元产值的国家；人们却陷入广泛的"零储蓄"泥潭；企业进入"负债破产运行"的状态；美元虚拟经济一天的产值，是美国实体经济一年产值的无数倍（美联储创造了衍生金融工具，目前仅外汇交易一个赌博名目，每天就虚拟生产超过 3 万亿美元，这些名目数以千计，又完全是"黑箱操作"，所以规模无法计算），跨国虚拟生产不纳税；美国政府处于依靠通货膨胀支付财政支出的破产状态，这就是金融主义的代价。

一句话：现代虚拟经济就是金融危机，虚拟经济主导的经济增长就是通货膨胀，通货膨胀就是货币发行者对全体社会成员的广义财富转移。被剥夺者感谢剥夺者、违法者操纵法律，这就是美国金融僭主体制的现状和危机。

（二）防止刚性反弹的唯一策略——主动释放，使之有序化的两大措施：金本位世界货币体制骗局和世界人体芯片支付体制骗局

1. 特别提款权（SDR，Special Drawing Rights）

特别提款权，就是"纸黄金"的另一个名称，"特别提款权"是美联储世袭股东建立的美联储控股营利机构——"国际货币基金组织"发行的一种"金本位世界货币"，目的在于广义美元回流机制失序，并欠下太多美元债务（就是各国拥有太多美元账面信用）的时候，用"金本位世界货币"替换美元，口号就是"摧毁即将崩溃的美元，建立多国参与的金本位超主权世界货币体制"。这是 1944 年布雷顿森林体系建立的时候，就同时规划好的，是 2007 美联储蓄意制造"次贷危机"故意要导致的结果。这个"国际货币基金组织发行的、多国参与的金本位超主权世界货币"——"特别提款权"，已经几十年了。实际上，美元就是世界金本位货币。这里要明确 6

个沉重的问题。

（1）"国际货币基金组织"、"世界银行"、"国际清算银行"就是美联储，是由美联储股东建立并拥有的私营谋利组织，全部由罗思柴尔德家族的银行代理人摩根财团建立并拥有。

（2）不论这个"篡夺各国货币发行权的名目"叫做"特别提款权"、"美元"、"欧元"、"日元"、"英镑"、"澳元"（这些都是"国际债权人"世袭家族控制的债务货币），还是"赤裸裸的战争"，都没有任何不同，都是彻底占领一个国家，彻底征服一个民族，彻底摧毁人类社会货币体制内部优胜劣汰的良性机制和市场经济游戏规则，最后是一个金融僭主家族的世袭统治——这是资本主义资本集团轮流执政体制向封建社会金融僭主世袭体制的历史性倒退，影响深远、后果严重、破坏巨大。

（3）令人诧异的是："金本位世界货币"、SDR、SDRs 、"特别提款权"、"IMF NOTE""纸黄金"、"黄金券"、"多国货币体制"、"货币篮子体制"，这些"不同的商品名称"，却是指同一个事物。抛开这种蓄意制造的金融战役学中所说的"理解屏障"背后的动机不谈，"特别提款权"和"国际货币基金组织"是由美联储世袭股东一手建立并拥有，并由美联储推行，也既是说：目前世界上的"反美元浪潮"的领军人物，都来自华尔街，核心人物就是美联储雇员"欧元之父"蒙代尔。美元是骗局，但用一个更肮脏的骗局，替代一个骗局，对被剥夺者来说，是用一种更愚蠢的方法来替代愚蠢；用一个惨痛的悲剧替代悲剧。

（4）人们需要了解的是，纽约美联储是一个皮包公司，国际货币基金组织、国际清算银行、世界银行是美联储股东，主要是摩根财团出资建立的另外几个皮包公司，美联储无所谓倒闭，美元体制无所谓破产，因为"欧元之父"不过是美联储世袭股东的雇工，美联储背后的"国际债权人"从来就不是为美国的利益服务，这一点很多人并不理解。

（5）战术措施：货币发行权—自由选举捐助权—预算权—军事工业、民生工业、核心实体经济所有权—军事权力—一切主权和人权的剥夺。

（6）战术利益：终极美元回流机制——目前，欧洲各国央行已经提出建立"超主权世界货币"后，由国际货币基金组织"集中管理"各国"部分"外汇储备，这样黄金就存储在纽约美联储股东们的"金窖"中，人们交易凭单，此时把凭单上的美联储的印章，改为美联储股东 60 年前建立的华尔街"国际货币基金组织"的印章，一切照旧，美国从此发出去的"金本位世界货币"会立刻回到美联储世袭股东拥有的国际货币基金组织的账户上，从而形成一个**超级美元回流模式**，并且用"各国认购国际货币基金组织债券替代认购美国财政部债券（**这简直是在宣布：我们从此不吃地瓜，而改吃白薯了**）"，再也不需要"经济杀手"了。

经济杀手

美国中情局和华尔街秘密招募一些所谓的"经济学者和商人"，通过贿赂、色情、威胁敲诈甚至暗杀等手段，拉拢、控制别国的政治经济精英；蓄意作出错误的宏观经济分析和产业投资建议，诱骗发展中国家落入预设的经济陷阱，控制这些国家的经济命脉和自然资源，通过欺骗手段让成万亿美元资金源源不断地回流美国，巩固、扩大美国在全球的经济、政治和军事霸权。这些人被称作"经济杀手"。[参考文献：（美）约翰·珀金斯著，曾贤明译.经济杀手·美国欺诈全球真相.中信出版社.2009]

（2）**赖账**，各国所有账面美元储备，一次性归零，这是美联储鼓吹"推翻美元体制"的原因之一。银行家在法国先后搞了"三个半央行"，仅犹太金融资本（不包括苏格兰银行家集团）在美国就搞了"四个央行体制"，先后制造了"北美银行券体制"、"第一合众国银行券体制"、"第二合众国银行券体制"、"美联储券体制"，前三个被他们自己推翻，以后者替代，目前罗思柴尔德家族正在利用国际清算银行控制下的各国所谓的"独立央行"，联手推翻美元体制，建立"国际货币基金组织金本位世界货币体制"。一个同样的把戏，上演第一次时，属于正剧，第二次是闹剧，第三次是喜剧，第四次则是丑剧！

2. 高级金融主义的序曲——世界人体芯片控制体制

高级金融主义是金融主义的最高阶段，也称"暴力金融主义"。所谓暴力，重点在胁迫、压制和消灭，不一定要通过高高的绞刑架和毒气室才能实现，人体芯片支付体制是终极暴力，通过 24 小时监控、侵入型遥感，金融僭主家族密室电脑中的数字安排世界各国的预算、个人支付，可以监督每一个人的一切隐私、语言，直接通过卫星信号让一个人的中枢神经生物电流传导异常，从而致死、致残，电脑上几下敲击，"削减"任意数字的人口。

如果一个人拒绝接受芯片植入，则无法购买食物、水、电、信息，间接导致一个人的非社会化和非生存化，"体面、合法、无道德愧疚"的杀死拒绝植入人体芯片的人。罗思柴尔德家族通过美国中央情报局、前纳粹组织成员、光照会秘密建立的跨国金融情报组织"比尔德伯格俱乐部"在2008年年会上，美国现财政部长、纽约美联储主席蒂莫西·盖纳正式提出，并通过了如下提议：**"通过建立一个新的全球性银行业监管框架，这将逐步使全球距离单一世界货币更近一步，在这样的无现金社会中，交易将通过人体植入芯片来更便捷地进行"**（请参看《货币长城》）。

人体芯片是终极控制体制，是一切控制体系的掘墓人，它不仅将轻易摧毁世界人民对金融家族的有效抵制能力，也将终结人类的文明和道德，让银行家族走到人类的对立面，这种危机超越了一切贫富、肤色、阶级、宗教、民族、国籍，是全人类面临的一场生死决战，谁输谁赢，殊难预料。唯一可以肯定的就是：银行家输了，世界人民和银行家的子孙就都赢了；银行家赢了，人类文明发展的大幕就要落下了。一句话：大自然母亲是公平的，我们有选择历史的权力，我们也正在被历史所选择，如果我们选择人体芯片体制，那么这就是我们应得的结果。

（三）笔者杜撰的3则寓言

1.《狐狸与马》——驳"加入世界货币体制要看我们得到多少利益"的说法

狼很喜爱吃草原上的马，但马很不好抓，狼很苦恼。狐狸自告奋勇，给狼出了一个坏主意："咱们成立一个草原牧草银行，让马加入，然后我们一起协商决定分配给马多少草，这样马草料不够的时候，就会主动来找您了！"狼很高兴！狐狸找到马说了成立"狼马狐草原牧草银行"的事，然后奸诈地笑着说："你们占99.99%的股份！这多好啊！"一些马深以为然，可一匹精神矍铄的老马走出来大笑着对狐狸说："这草原祖祖辈辈是我们马儿的家，牧草祖祖辈辈是我们马儿的财富，凭什么要你们成立一个牧草银行来管？"然后走过去，一脚踢死了转身要逃的狐狸！

2.《大象之死》——驳"货币统一交给了国际货币基金组织，世界就和平了"的说法

非洲草原上的大象特别善良，是个人见人爱的大好人。鬣狗一直想吃上这堆"肉"，可看着那对大牙，就浑身发冷。鬣狗的朋友狐狸出了一个"好主意"，只要求把猪分给它吃，鬣狗感到很奇怪，但还是爽快地答应了下来。狐狸跑到大象的朋友猪那里说："草原上要成立一个食物银行，你去对大象

说，让他交出牙齿，我们给他 100%的股份，还让他当董事长。"然后偷偷给猪一桶饲料和一张大洋洲小母猪的摩登照片。家猪爽快地答应了下来，当天夜里就说服了大象交出了大牙。几天后，森林食物银行成立的会议上，董事长大象激动得流下了热泪。大象和猪喝得太多的酒，醒来的时候，发现分别被捆在了两个烤肉架上，大象归鬣狗，猪归狐狸。猪哭着问大象："董事长啊！他们怎么没有信用呀？"大象苦笑着说："原来我们没有交出自己权力的时候，虽然不是董事长，但依靠锋利的长牙，可以纵横森林，现在我们交出了自己的权力，做了他们开办的食物银行的董事长，能够保护我们的只有他们的信誉，可这件事说明，狐狸没有任何信誉可言。"

3.《哭泣的百灵鸟》——驳"让我们用世界货币体制来摧毁不公正的、欺压我们的美元骗局吧！"

丛林中的百灵鸟常被毒蛇捉去吃了，他们开始不懂，但逐渐也知道毒蛇是个威胁百灵鸟生存的坏东西。一只聪明的百灵鸟就找到了捉蛇人，哭泣着说："求你了！我愿意付出任何代价，换取你杀死蛇！"捉蛇人点头。可聪明的白灵鸟不知道这个捕蛇人就是蛇王的化身，他出现后，蛇自然就全部消失了。然后，他把欣喜若狂，以为遇到救星的百灵鸟一族都骗入了鸟笼，逐一吃掉。当百灵鸟一族仅剩下那只聪明的百灵鸟时，聪明的百灵鸟对着空荡荡的鸟笼哭泣着："我只知道蛇会吃掉我们中的一些人，不知道捕蛇人会把我们整个百灵鸟家族关入牢笼，我不知不觉之间毁灭了百灵鸟一族！"哭完，他悲痛到极点，一头撞在笼子上——百灵鸟一族从此消失了。

（四）本位骗局、战国时代骗局、泰坦尼克号、华尔街爆炸案（1920）

1. 本位骗局

一个国家发行货币，不需要任何"本位"支持，因为一个国家发行的账面信用符号，是这个国家人民授予的权力，也是国家的义务和存在的意义本身。这种数字符号，是实体经济的镜像，不能简单地用黄金、白银、债务、资源、商品来描述这个含义广泛的虚拟经济信用概念，法币也根本就不需要任何发行抵押。欧美货币体系一直妄称本位概念是一块基石，是抵御通货膨胀的法宝，美元、马克、法郎在欧洲历史上都几次崩溃，几次重建，抵押品包括：金银、土地、债务，都是增加的通货膨胀、扩大的政府赤字而不是相反，政府货币发行根本就不需要任何本位，因为法币本身就是一种伴随着实体经济的固有存在。围绕"本位"概念的骗局，包括：金本位骗局、债务货币、央行体制等，都是银行家通过建立的大学、掌管的舆论工具故意制造出来的一个金融战骗局概念。

2．战国时代骗局

很多人误以为当今美元世界是一个"一超多强"的战国时代，误以为这种思想是凭空从我们自己的头脑中冒出来的，实际上却是一个广义社会控制策略的产物。这是一个典型的、服务于世界货币骗局的从属性心理诱导骗局，目的在于暗示美国是"强秦"，其他国家是"将亡六国"，服务于美国的利益，是服务于历史潮流，共济会推行了上千年的"世界货币、世界央行、世界政府、世界新秩序"是一种必然胜利的未来存在。这种错误的观点，有如下欺骗性：

（1）跨国垄断金融资本主导的美国不是秦朝，和其他国家也不是"前朝与六国的关系"，战国属于东周，是周朝天子控制能力减弱，诸侯争霸的内战，不是民族矛盾。

（2）秦朝与周朝对老百姓的生活没有带来本质的不同，没有民族压迫，也没有文化道德上的颠覆性、反正统性、反道德性。秦始皇自称皇帝，但认为自己是天子。共济会崇拜的是"路西法"，内部的道德体系、文化体系、价值观念，完全脱离了东西方社会长期形成的文明，是一个魔鬼崇拜会道门，这种充满了诡异概念的会道门，如果统一了世界，将对人类文明产生颠覆性的改变。人类文明有各种各样的追求，但人们从不故意去追求邪恶和黑暗，共济会崇拜的恰恰就是"魔鬼统治下的秩序"，这不是形容词，而是共济会、光明会的会道门信仰。共济会甚至不是宗教，尤其是现代共济会仅仅是一个金融僭主体制下的家臣性质的跨国秘密金融情报组织。一般宗教都有信仰和不再相信的自由，但共济会一旦入会有"背叛者将被置于一个有流水声，却看不见光亮的地方，慢慢折磨死"的效忠誓言，并且要求完全听从"高一级石匠师父"的一切命令和要求，从此背叛自己的家庭、国家、民族，这就是一个典型的金融情报机构，而不是宗教了。

（3）秦朝打败"六国"，结束战国时代，将中国从奴隶制分封社会，领进了封建制郡县制社会，这在历史上是一个伟大的进步。目前美国是一个美联储世袭股东，尤其是罗思柴尔德家族为首的金融僭主皇族世袭体制，一旦"世界政府、世界货币、世界央行"真的出现了，抛开美联储主席蒂莫西·盖纳2008年提出的人体芯片支付体制的建立不谈，单就一个幕后金融僭主家族的世袭统治，就具有明显的封建色彩，对于美国这样的资本主义社会来说，步入金融僭主体制，是一种历史的大倒退。

（4）僭主体制本身就不稳定，是一个畸形的历史产物。比如日本的幕府时代、中国三国时期的曹相时期，都是僭主体制。但是，一个人类社会的管理机制越透明，越在前台，则不论其权力多大，都会得到相应的制约、规范、限制和挑战，为了规避这些，让自己利益和权力最大化，欧洲金融资本发明了一种独特的幕后金融僭主体制，彻底摆脱了一切形式的监督和制约，但却是人类历史上最黑暗、最诡异、最独断专行、世袭特征最明显的体制，远远不如日本幕府时期，是一个金融战役之树上的智慧果实，但过于成熟，跌落在地，已经腐烂透顶了。把金融僭主体制对比封建制度，会发现它甚至没有封建王朝的贵族更替和臣民公议，一切都是最落后的"黑箱操作"，美其名曰为"专业决策"。

3. 泰坦尼克号与 J.P.摩根

泰坦尼克号，1912 年 4 月 14 日与浮冰相撞，15 日凌晨 2 点 20 分沉没。与泰坦尼克号同样的船，还有奥林匹克号、不列颠号，都没有出现主体结构的断裂。这艘船是首航，1912 年 4 月 10 日从英国南安普敦港出发，前往纽约。船上乘客很特殊，包括了当时富有的顶级名人，头等舱 329 人、二等舱 285 人、三等舱 710 人，共计 1324 人全是富豪，而一般的船则不是这样。由于是首航，富豪包船，船上饮食极尽奢华，实际包括仆人，共计有乘客 2223 人，还有 899 名船员（实际共有 3547 人在船上），排水量高达46328 吨，实际满载排水量超过 5 万吨，有 269.06 米长！

这些英国富豪 1912 年去纽约参加什么活动，历史没有记载，但这艘船的注册公司是"白星航运公司"，然而真正的拥有者很少有人"注意"，就是鼎鼎大名的 J.P.摩根，他没有参加"猎丫会议"，很有可能就是在筹划与这些英国显贵见面。泰坦尼克号事件留下了太多的谜，且影响巨大。

（1）没看见冰山根本站不住脚！这样一艘巨轮的瞭望哨，最少有几十人，船长根本不会贴着冰山行船。"白星航运公司"解释说：望远镜放在柜中，找不到钥匙。

谜：为什么看见了，非要撞上去？

（2）5 万吨的巨轮，不是毁于冰山撞击，是船体从中间自行断裂，而且是断成三部分，很奇怪，当时没有任何类似事件，包括同型号的船。

谜：为什么？

（3）1985年9月1日，罗伯特·巴拉德在记录的沉船处发现了沉船遗骸，特征却与泰坦尼克号不符，少了一个巨型烟囱（19米），找到三个烟囱，大小还不对，据说炸没了。

谜：是锅炉爆炸，还是炸药爆炸，还是根本"沉没"的就不是泰坦尼克号？

（4）目前，船上找不到任何珠宝，尤其是找不到任何绝对不会腐烂的船锚一类可以证明是泰坦尼克号，找到了一个钥匙牌，高价拍出，原因在于上面有泰坦尼克号的字样。

谜：珠宝和其他有泰坦尼克号字样的杯子、船锚、文件柜……那里去了？

（5）泰坦尼克号从来就没有发出过"SOS"——1906年的柏林国际无线电通讯会议通过的海上求援电报码，可以通过"点"、"划"，连续发送，很容易识别。电信室负责人约翰·乔治·菲利普一直坚持不发"SOS"求援信号，而发一些过时的编码，据说船沉没之前，一个年轻的电报员对他说："如果你发送SOS，可能已经没有时间了。"很快，船就沉没了。

谜：一个固执己见的人，会不会在包括自己在内的几千人将死的情况下，拘泥于某种被废弃求救的电报编码，而不使用几年前欧洲电信大会的统一编码，为什么？至少电影里所说的那些收到"SOS"求救信号，一直不去救援或泰坦尼克号自己不发求救信号的事件，没有发生过。他们是一直在假装发送求救信号，一些无用的废弃编码，为什么？

（6）1913年12月12日，在美联储法案通过前夕，摩根财团以"北大西洋国际冰山监察组织（International North Atlantic iceberg patrol）"的名义，控制了美国海岸警卫队，这个摩根家族的公司，却成了美国军队的组成部分。

（7）有一种说法，J.P.摩根因此"精神状况"很糟，几乎崩溃，不久去世。

谜：可这是后世的"说法"，当时没有人敢说这艘船是摩根家族的。他为什么要如此"精神不振"，或者说他为什么要摆出这样一个姿态？给谁看？

（8）美国第一和第二合众国银行券体制，都或多或少有苏格兰银行家集团参与，而美国第四央行·美联储体制，由清一色的犹太银行家，且都是罗思柴尔德家族的银行代理人（这就不是北美银行那种单一代理人模式，这是一种"改进"）成为纽约美联储世袭股东。

谜：这和 1912 年 4 月，那批从英国赶去纽约的英国富豪集体"消失"是否有关呢？

4．华尔街爆炸案（1920）

　　图片说明：1920 年 9 月 16 日中午时分，摩根财团在华尔街总部（这个新总部，是美联储建立之后的 1914 年开始建造的，刚刚开始使用）遭到炸弹攻击，死亡 38 人，伤 400 人以上。攻击者留下一句话："我们是美国自由战士，释放政治犯，否则你们死定了！"在美国不要说反政府，就是研究历史，都不能提及美联储。美联储史鼻祖莫林先生的老师，历史学家艾兹拉·庞德，就因为敢于研究美联储史成立经过的公开资料，被秘密逮捕，未经审判关押了 13 年，后来经莫林先生多方奔走，给救了出来。根据《美国爱国法案》和修正案，任何美国政府认为的不当言行可不经审判、不予通知（秘密逮捕，不予承认，这个人不就"失踪"了吗）、无限期关押、没收财产——这绝非儿戏，美国的民主自由人权是一种紧俏货，仅用于奉献给世界人民，推销商就是美国中央情报局，不过用了另一块招牌"美国民主基金会"。

（五）为什么说"中情局和华尔街就是一伙人"呢？

　　最开始这个问题，主要与美国独立大陆军情报首脑汉密尔顿建立的美国财政部体制有关，那时美国财政部就是美国中央情报局的角色。汉密尔顿后来政治失利，罗思柴尔德家族在美国先后建立了几个央行体制，央行控制财政部，双方人员几乎没有什么差别，很难区分，"国不国、家不家"，这样美国情报机构的最高指挥权就到了华尔街手中，美国的几个央行、华尔街和财政部，就构成了一个公私一体的金融情报体制。本来美国情报体系就是汉密尔顿建立的"财政部·第一合众国银行·梧桐树"体制，等到了19世纪末，美国没有央行，罗思柴尔德家族直接控制美国财政部。这样，他们就利用这个有利条件，由豪斯上校通过现代共济会体系和财政部体系，建立了美国的情报部门，后来一直控制在共济会成员手中。

可是，这也容易失控，这个体制的核心是"三基一局"（美国民主基金会是里根政府的产物，是中情局的一块招牌，那以后可叫"四基一局"），也就是罗思柴尔德的两个代理人摩根财团拥有的"卡耐基基金会"和洛克菲勒财团拥有的"洛克菲勒基金会"，他们的人员与"调查局"、"战略情报局"、"财政部"是一回事儿，但此时从美国政府的角度来说，最大的情报机构还是"美国财政部"。美国联邦调查局被苏格兰银行家派系的共济会成员胡佛控制（苏格兰共济会33级，最高级别的石匠大师控制联邦调查局48年），所以"福特基金会"很长一段时间只听调查局的话，在美国广泛印刷的《锡安长老会纪要》（请参看"法国卷"），矛头直指罗思柴尔德家族为代表的犹太银行家集团，这是一场共济会和银行家集团内部的主导权之争。在这个特定的历史时期，联邦调查局·福特基金会体制一度部分脱离了美联储股东的主导。

华尔街集团为了重新取得美国情报机构的主导权，又不好和实力派撕破脸（胡佛本人预防暗杀的措施到了变态的程度，后期他躲在屋里呼吸的空气，都要事先处理，最后可能还是被暗杀了），所以先沉重打击了福特财团，压服了福特基金会（福特基金会虽然还是美国联邦调查局的底子，但听中情局调遣），卡耐基基金会主要在中南美洲选择和培养政治代理人，招募人员，虽然不显山露水，但实力很强大，对中南美洲的影响极大。然后，由建立了美国外交协会、国联的罗氏银行在得克萨斯州的金矿代理人犹太银行家"豪斯上校"、罗思柴尔德家族雇用的杜勒斯兄弟[阿伦·杜勒斯（Allen Dulles）、约翰·杜勒斯（John Foster Dulles），库恩公司（Kuhn Loeb and Co），有关库恩公司请参看"德国卷"]、飞利浦·沙逊（Phillip Sassoon，梅耶直系，罗氏孟买贩毒集团、英国犹太银行家、大毒枭沙逊家族新一代"代理人"，他的加入给中情局增添了一种复杂的构架，影响深远，请参看"英国卷"），法国内务部长乔治·马恩窦[Georges Mandel，Minister for the Interior，此人真实姓名是"扎诺包姆·罗思柴尔德"（Jeroboam Rothschild）]。艾伦·杜勒斯就是美国第一任中情局局长，约翰·杜勒斯后来当了美国国务卿，他们不过是罗思柴尔德家族的两个家族情报官员。

这个会议记录下来的主要有 1917 年、1919 年，共 2 次，决定建立一个跨国超级情报机构，为了平衡苏格兰银行家族与犹太银行家族之间的利益，在 1924 年选择了苏格兰共济会派系的胡佛，重组了"调查局"，建立了美国联邦调查局，但很快尾大不掉，失控了。1938 年豪斯上校不幸去世，杜勒斯兄弟、沃伯格兄弟、肯尼迪家族〔直接参与的就是后来被扶植上了总统宝座，又尾大不掉的约翰·肯尼迪（John F. Kennedy，1917～1963），这时还是罗氏控股的库恩国际金融公司的一个少壮派〕等人，在 1942 年建立了一个"美国战略情报局"（OSS，Office of Strategic Services，1942.6.13～1945.9.20）。这个翻译已经约定俗成了，但有问题，当时从罗思柴尔德家族为首的美联储股东为了避免刺激公开自立山头的"胡佛情报帝国"，在军队中建立了一个"战略服务办公室"，很不起眼，而且主要在外国活动，比如"战略服务办公室 022 室"（很大，直接加入 OSS 的情报人员可能超过几十万人，目前解密的就有好几万了，但名字很迷惑人）就是专门在中国进行渗透和破坏的专门机构。

开始胡佛没注意，又"似乎"主要在军队和国外，而且还是罗斯福总统亲自建立的，不好过分，好像是个"战时临时机构"，结果几年就膨胀得超过了联邦调查局，胡佛也不敢动了！罗斯福突然暴毙之后，杜鲁门很识相（他与犹太银行家关系很好，请参看"英国卷"与"德国卷"），就搞了一个《美国国家安全法案（1947）》，把"美军战略服务办公室"，升级成了"美国中央情报局"，从此华尔街的情报特权一下子就凌驾于美国联邦调查局之上（甚至让人们忘记了美国联邦调查局是一个全球情报机构，误以为其是专门主管跨州刑事案件的联邦警察），直到今天。这个机构完全复制于罗氏 1909 年在英国建立的"秘密情报局"（SIS，Secret Intelligence Service），都是 1907 年、1909 年光照会法国闭门会议的成果。这两个机构无所谓"国家，还是银行"之分，苏格兰银行家建立的"别动队"苏格兰场（请参看"英国卷"），就逐渐边缘化，最后同化了，命运与美国联邦调查局与美国中情局的融合类似，这就是华尔街就是中情局的原因，一个"自由主义经济学家"或"经济刺客"由华尔街付钱，英国情报机关招募，美国中情局指挥，这一点都不乱，因为他们是一回事儿。

艾伦·杜勒斯就被扶植，后来建立了两大情报机构：美国中央情报局和比尔德伯格俱乐部。中情局从此替华尔街夺回了美国情报机构的主导权

（包括布什家族都是华尔街银行家族）。这几个人都是这两个情报机构的真正的奠基人。杜勒斯兄弟和沃伯格家族都是罗氏最亲信的德系人马，他们秘密资助了德国纳粹运动，在战争中直接参与（请参看"德国卷"）。因为沃伯格家族是美联储的股东，太显眼。因此在第二次世界大战以后，由杜勒斯兄弟出面，秘密联合前纳粹党成员，成立了跨国情报组织比尔德伯格俱乐部（请参看"荷兰卷"），这个俱乐部可以说和中情局不分你我，每次开会和招募第三世界高级情报人员，包括全程武装保卫等都是中情局直接出面，完全脱离了美国利益，是一个金融僭主家族的情报机构。为什么美联储主席要跑到比尔德伯格俱乐部去提议建立世界人体芯片支付控制体制，原因就在于"这才是最高权力机构"。

中情局、比尔德伯格俱乐部这两个机构的奠基人，都是德国法兰克福"老光照会"的核心成员，这不仅反映了共济会内部"苏格兰共济会体系"和"法兰克福光照会体系"的联合与斗争，也可以说：今天的共济会主要是老光照会在主导，这个组织在古典共济会时代，都被共济会内部看成一个"神秘、罪恶的组织"，古典共济会成员骂光照会成员拿破仑三世，还和朋友一起搞到了《锡安长老会纪要》，然后散了出去，揭露犹太银行家集团控制世界的阴谋，其实是苏格兰共济会和银团控制世界的图谋被"别人接手了"，心理很不平衡的结果（所以，就不难理解中情局背景的犹太银行家索罗斯为什么要发动"狙击英镑"的行动，有很深的历史根源），他们同时是现代共济会和欧洲"国际债权人集团"。

在跨大西洋金融僭主体制内部，中情局是一个武装机构、执行机构的角色，用基金会名义（比如：福特基金会、卡耐基基金会、美国民主基金会、洛克菲勒基金会等）、智库名义（比如：哈德逊智库、兰德智库等）对欧洲和中美洲国家进行渗透和颠覆；比尔德伯格俱乐部有一个"三百人委员会"，用来任命各国总统、情报系统负责人，更类似于一个跨国金融僭主家族主导下的"君主立宪体制"（类似于第一金融国家·威尼斯共和国的"大议会"，但是由一个世袭僭主家族主导，并且加入秘密会道门）。

兰德体制的简介

1947 年 9 月 18 日生效《美国安全法》正式生效，当时由于美国联邦调查局、美国国务院、美国军队都感觉以后将出现一个超越一切利益集团的华尔街情报机构而强烈反对，仅仅命名为"美国中央情报小组"，为了搞平衡，打消美国军事集团的华尔街情报机构控制军队的顾虑，组长是海军少将罗斯科·希伦科特，此后有三任"组长"空军中将霍伊特·范登堡、海军少将罗斯科·希伦科特、陆军中将沃尔特·史密斯，这段时间名义上中情局由"美国将领管理"（艾伦·杜勒斯以后，美国军方没有现役将领管理中情局，有退役将领出任首脑恰恰是中情局早期对军队人事渗透的结果），艾伦·杜勒斯是真正的局长，但他到1953年2月26日才正式转正，美国中央情报小组，此后才变成了人们熟悉的"美国中央情报局"，这个罗思柴尔德早年培养的库恩公司的光照会小兄弟，才成了美国第一任中情局局长。1947~1953年就有了"一段空白"，华尔街就在纽约出资成立了一个"研究与发展公司"，英文名字是"Research and Development Corporation"，也就是"研发公司"，是一个华尔街营利机构，是一个摩根财团出资建立的华尔街情报组织。

1948年让美国政府授权，就成了一个"半公半私"情报机构，由杜勒斯兄弟控制，就是中央情报局，后来被简写为"BAND"，音译成"兰德"。"民间兰德智库"是不存在的，只有一个美国政府1948年成立的从属于中情局的情报机构"兰德公司"，或者说是美联储世袭股东拥有的华尔街"兰德公司"，这两种说法都对。这个"兰德公司"，也就是中情局在1961年又与华尔街的"未来学派"、美国军方等，一起成立了一个专门瓦解和颠覆苏联的冷战情报机构"哈德逊协会"[（Hudson Institute，1961，开始在纽约哈德逊区，名称应该译为"（中情局）哈德逊处"，而不是目前人们所说的"哈德逊协会"，后来因为中情局在华盛顿特区，就搬到了那里。至今，因为美国中情局和华尔街兰德公司有美国政府的授权，是典型的美国国家情报机构，他们直接组建的哈德逊协会，是一个不加掩饰的美国联邦情报机构，冷战时期主要负责针对苏联的渗透、颠覆和招募行动]，主要参考文献：

1．[美]法兹·斯普林特著[Fritz · Springmeier].Blood Lines of the Illuminati[光照会的人事脉络].美国得克萨斯州：Ambassador House 出版公司.1998

2．[英]弗朗西斯·斯托纳·桑德斯著，曹大鹏译.文化冷战与中央情报局.北京：国际文化出版公司.2002

3．[俄、加]丹尼尔·伊斯图林著，姜焜，郭津京译.彼德伯格俱乐部·操纵世界的影子集团.北京：新兴出版社.2009

4．田实著.美国中央情报局局长.北京：军事科学出版社.2008

5.史蒂芬·特维恩著（Stephen.W.Twing）. Myths、models、and U.S. foreign policy（神话、样板与美国的对外政策）美国科罗拉多州：Lynne Rienner Publishers 出版.1998

后　记

美国在世界金融战役史中是第五金融国家，但不是一个简单的排序，而是一个更高层次的进化，从模式上来说特别类似于第一金融国家·威尼斯共和国，与第四金融国家·英国的情况却几乎不具有可比性。

金本位理论、债务货币理论、独立央行理论、赤字国债理论这一系列完善和复杂的金融战策略，深刻地塑造着我们生活的世界。我们不论是选择美元体制，还是欧元体制，还是"金本位世界货币"，都不是我们自己的"想法和选择"，而是罗思柴尔德家族在几十年前就涉及和安排好的一系列悖逆选择，这些货币体系和组织，都牢牢控制在国际债权人集团手中。

如果不理解这一点，就不理解为什么美联储雇员蒙代尔是"欧元之父"？就不理解为什么各国独立央行的行长如同有一只看不见的"手"在协调一样，异口同声要把各国赖以生存的货币发行权和无数血汗换来的外汇储备交给国际货币基金组织，以此来"避免美元风险和优化外汇储备使用"，如果人们了解到国际货币基金组织就是美联储世袭股东在 1944 年建立的华尔街营利机构，如果人们了解到建立并管理着世界各国独立央行的国际清算银行是光照会豪斯上校设计，摩根财团控股建立的罗氏家族的赢利机构，就会更加欣赏这出美联储股东导演的美国第四央行·美联储体制垮台的喜剧，他们在美国已经干过 3 次了……

由于目前我们就生活在美元体制中，整个世界就生活在一个家族用数字对全世界所有人实施广义财富转移的广义金融战役中，1913 年以后的美元世界的金融战役史，很多时候要在世界范围内才容易看出端倪，否则就会"只缘身在此山中"而"不识庐山真面目"了。

世界金融战役史之"美国卷"到此为止，更多精彩、诡异的金融战役就在那里，等待着尊敬读者的赏读。谢谢！

https://sites.google.com/site/homeofjiangxiaomei/
http://abeautifulmind.blog.hexun.com/
homeofbeautifulmind@gmail.com
beautifulmin1711@sina.com

晓美工作室 2009 年 12 月 北京

《金融刺客——金融战役史》系列丛书

（一） 《水城的泡沫——威尼斯金融战役史》

（二） 《海上马车夫——荷兰金融战役史》

（三） 《古老的剑客——法国金融战役史》

（四） 《铁血骑士团——德国金融战役史》

（五） 《雾锁伦敦城——英国金融战役史》

（六） 《开国的苦斗——美国金融战役史》

（七） 《财阀的魔杖——日本金融战役史》

（八） 《斑驳的铜锈——中国古代金融史》

（九） 《飘散的烟云——世界金融战役史》